广州市哲学社科规划项目：
"双循环"新格局下广州绿色物流效率评价与提升路径（2021
本书由广东科学技术职业学院资助

现代物流业发展与新时代
高校人才培养研究

秦雯　编著

中国商务出版社
CHINA COMMERCE AND TRADE PRESS

图书在版编目（CIP）数据

现代物流业发展与新时代高校人才培养研究 / 秦雯
编著 . -- 北京：中国商务出版社，2021.12（2023.1重印）
ISBN 978-7-5103-3871-7

Ⅰ . ①现… Ⅱ . ①秦… Ⅲ . ①物流—经济发展—研究
—中国②高等学校—物流管理—人才培养—研究—中国
Ⅳ . ① F259.22 ② F252

中国版本图书馆 CIP 数据核字 (2021) 第 140968 号

现代物流业发展与新时代高校人才培养研究
XIANDAI WULIUYE FAZHAN YU XINSHIDAI GAOXIAO RENCAI PEIYANG YANJIU
秦雯　编著

出版发行：中国商务出版社

社　　址：北京市东城区安定门外大街东后巷 28 号　邮政编码：100710

网　　址：http://www.cctpress.com

电　　话：010-64212247（总编室）　010-64515151（事业部）
　　　　　010-64208388（发行部）　010-64286917（零售电话）

责任编辑：刘姝辰

网　　店：https://shop162373850.taobao.com/

邮　　箱：349183847@qq.com

开　　本：710 毫米 ×1000 毫米 1/16

印　　张：12

版　　次：2021 年 12 月第 1 版　印　　次：2023 年 1 月第 2 次印刷

书　　号：ISBN 978-7-5103-3871-7

字　　数：175 千字　　　　　　　定　　价：48.00 元

前言

　　现代物流业是指原材料、产成品从起点至终点及相关信息有效流动的全过程。它将运输、仓储、装卸、加工、整理、配送、信息等方面有机结合，形成完整的供应链，为用户提供多功能、一体化的综合性服务。现代物流业是一个新型的跨行业、跨部门、跨区域、渗透性强的复合型产业。随着市场经济的发展，物流业已由过去的末端行业，上升为引导生产、促进消费的先导行业。现代物流业是以现代运输业为重点，以信息技术为支撑，以现代制造业和商业为基础，集系统化、信息化、仓储现代化为一体的综合性产业。因而它的发展，必将对优化产业结构、增强企业发展后劲、提高经济运行质量起到巨大的促进作用。

　　现代物流业发展迎来新的发展机遇。2019年，中共中央、国务院印发《交通强国建设纲要》，提出到2035年基本建成交通强国，形成"全国123出行交通圈"和"全球123快货物流圈"。国家发展改革委等24部门印发《推动物流高质量发展，促进形成强大国内市场的意见》，提出推动物流高质量发展的25条政策措施。交通运输部、商务部、邮政局等有关部门从各自职能出发提出了高质量发展的任务措施，使物流企业获得感增加，从业人员稳定性增强，物流营商环境得到持续改善。

　　双循环新发展格局，促进现代物流业高质量发展。2020年5月14日，中共中央政治局常委会会议首次提出"深化供给侧结构

1

性改革，充分发挥我国超大规模市场优势和内需潜力，构建国内国际双循环相互促进的新发展格局"以来，新发展格局在多次重要会议中被提及。2020年8月24日，习近平总书记召开的经济社会领域专家座谈会上说："要推动形成以国内大循环为主体、国内国际双循环相互促进的新发展格局。双循环是以习近平同志为核心的党中央根据国内外发展大势和我国发展阶段变化作出的重大决策部署，也是新时期我国物流业高质量发展的方向指引。物流业连接生产、分配、流通和消费，是打通供应链、协调产业链、创造价值链，构建双循环新发展格局的重要保障。面对新的历史机遇和现实挑战，我们要加强物流顶层设计，依托强大国内市场，加强产业联动融合，进一步深化供给侧结构性改革，释放高质量新供给，创造高品质新需求，增强高能级新动力，打造新时代物流强国，培育壮大具有国际竞争力的现代物流企业，构建支撑双循环新发展格局的高质量现代物流运行体系，为全面建设社会主义现代化国家提供必要物流保障。

现代物流业的快速发展离不开人才的强力支撑。当前，我国物流业正处于向高质量转型发展的关键期，物流人才素质提升是高质量发展的重要前提，这对高等职业教育物流人才培养提出了新的要求。急需在物流专业建设、校企合作、国际化水平、社会服务能力、课程建设、中高职衔接、课程思政等方面开展教育教学改革。

本书呈现了编者近10年来关于现代物流业发展与新时代高校人才培养的最新成果，能够更好地宣传推广理论研究成果，促进成果转化。全书分为"上篇"和"下篇"，包括"现代物流发展"和"物流人才培养"两个篇章，其中现代物流发展包括了"区域物流业发展"、"省域物流业发展"、"城市物流业发展"三章内容，物流人才培养包括了"物流专业建设"和"物流人才培养"两章内容，全书涵盖了粤港澳大湾区物流业效率评价与发展策略、丝绸之路经济带物流业效率评价与发展策略、珠三角西岸区域物流业效率评价与发展策略、广东省21地市物流业效率评价与发展策略、珠海市物流业效率评价与发展策略、珠海海铁联运发展的评价与影响因素、珠海海铁联运发展的分析与发展对策、中美贸易摩擦对珠海制造业的影响、物流管理专业群社会服务能力提升的发展策略、物流管理专业群国际交流水平提升的发展策略、物流管理专业中高职三二分段课程衔接、教学企业文化建设实践探索、物流管理专业课程的课程思政教学实践等内容。

伴随着改革开放进程，我国现代物流业从探索起步到创新发展，取得了巨大成就，奋进新时代，扬帆新征程，物流研究工作任重道远。希望本书能为物流相关企业、物流相关学院、物流相关专业和物流教师开展物流理论和实践研究提供参考和借鉴。在此向所有关心、重视、参与、支持本书编辑出版，热心物流理论研究工作的专家和各方人士表示深深的谢意。由于编者水平所限，书中难免存在疏漏和不妥之处，恳请广大读者和专家提出宝贵意见和建议，以期不断改进，以使日臻完善。期待同仁们共同努力，更好地推动物流理论和实践研究，不忘初心，砥砺前行，积极推进现代物流业高质量发展，努力建立和完善现代物流服务体系，不断拓展中国特色物流发展道路，为建设物流强国的战略目标而努力奋斗！

编者

2021年12月

目　录

上篇 现代物流业发展

第一章　区域物流业发展

第一节　粤港澳大湾区物流业效率评价与发展策略

一、引言

现代信息技术和交通网络使人们的经济活动半径大幅延展，物流在经济社会系统中的作用日益重要。经济规模较大的地区，物流规模同步增长，二者互促互进形成良性循环，一批中国乃至世界的经济增长极因此形成，如长三角经济区、珠三角经济区等。经济规模与物流规模的正向关系正在成为欠发达地区学习借鉴的后发优势，对于已经处于良性循环的发达地区而言，则需要聚焦物流效率的提升，以促使经济效率的倍增、综合实力质量的提升。作为中国的先发地区，珠三角地区已经在诸多领域形成相对发展优势，物流网络的扩大使其经济发展需要更广阔的发展空间，粤港湾大湾区正是在这一发展的内生需求下成立的。自2017年以来，中央和地方均着力于粤港澳大湾区的科学发展谋划，2019年2月18日，国务院发布了《粤港澳大湾区发展规划纲要》，指出深入推进供给侧结构性改革，从而推进经济发展在质量、效率和动力方面的变革，为粤港澳大湾区创新和转型发展注入新活力。[1]2019年7月5日，广东省发布了《中共广东省委广东省人民政府关于贯彻落实〈粤港澳大湾区发展规划纲要〉的实施意见》以及《广东省推进粤港澳大湾区建设三年行动计划（2018—2020年）》[2]，为粤港澳大湾区建设提供了明确指引。粤港澳大湾区在"一带一路"建设中具有重要地位，位于我国沿海开放前沿，区位优势显著，交通条件便利，拥有吞吐量位居世界前列的广州、深圳等重要港口和香港国际航运中心，以及广州、深圳、香港等具有国际影响力的航空枢纽，便捷高效的现代综合交通运输体系正在加速形成。同时，加快广深国际性综合交通枢纽建设，构建以广深为枢纽的高速公路铁路等出省通道，广泛地连接腹地和国际大通道。总体来讲，粤港澳大湾区物流发展受重视、发展快，但是供给侧结构性改革不够深入，投入冗余产出不足、物流效率低的现象较为突出。因此，本文重点研究以下问题：粤港澳大湾区物流业的动态效率如何？粤港澳大湾区物流业效率的外部影响因素是什么？这是推进粤港澳大湾区发展需要解决的重要问题，同时也对推进"一带一路"建设具有重要意义。

二、文献综述

从物流效率的理论研究方面来看，何黎明[3]提出去库存、降成本、打造高效物流服务体系等措施，解决物流业供给侧结构性问题。谢泗薪等[4]认为物流企业的发展策略是促进物流管理升级，如进行物流品牌建设、提升物流服务质量、降低物流成本等。史锦梅[5]提出政府要增强服务意识、互联网＋推广新技术、加快传统物流企业的转型、创新物流人才培养模式、大力推行物流基础设施标准化建设的对策。王娟娟[6]认为流通服务的改革策略包括加大市场的开拓力度、畅通产品转移通道、加速流通服务的专业化发展等。另外，闫琰[7]、丰佳栋[8]、田丽[9]等也从降低物流总费用、改善物流供给结构、优化物流网络、打造物流服务平台等方面提出物流业发展对策。

从物流效率的实证研究方面来看，刘翠萍等[10]采用DEA方法，主要针对物流业效率的内部和环境因素、物流业动态效率及地区差异等进行物流效率评价。丁海宁等[11]采用了DEA模型，提出提升区域物流效率的策略包括物流基础设施的完善、全区信息服务平台的建设、物流网络布局的优化、多部门的协同、航空物流的发展等方面。秦雯[12]采用SE-DEA模型，提出影响物流业效率的主要因素包括资源利用率、外贸水平等。刘丽波[13]

等采用DEA-BCC模型，通过研究我国31个省份物流业的投入产出效率，提出供给侧改革的核心内容是降成本减税，改革关键点是从供给端发力。另外，孙夏令等[14]、吴旭晓[15]、邵桂波[16]、李娟[17]等采用DEA相关模型，对物流业的投入产出指标进行分析，并提出发展策略。

从粤港澳大湾区的物流效率来看，中国知网中研究成果从数量和质量方面都较缺乏，肖建辉[18]从粤港澳大湾区高质量发展的视角进行研究，其中包含了物流生产效率方面的研究结论，目前明显高于全国平均水平，但分布不均衡，深圳物流生产效率低于广东平均水平，技术创新不足、第三产业欠发达、物流产业组织集聚度不高等是影响粤港澳大湾区物流业发展质量的主要原因；詹荣富等[19]运用DEA方法，提出物流技术水平、经济规模、外贸水平、劳动生产率是影响粤港澳大湾区物流业效率的主要因素。肖斌[20]运用DEA模型，研究广东省21个地市的效率，研究结果显示区域间发展不平衡，物流效率差距较大，提出经济发展水平、产业支撑、企业规模、政策支持等是主要因素。

由此可见，针对我国物流效率方面的研究已经取得了丰硕的研究成果，但仍存在进一步研究的空间，包括如下几个方面：第一，粤港澳大湾区是发展"一带一路"的重要支撑，是国家战略发展和经济领先的重要区域之一。《粤港澳大湾区发展规划纲要》中"交通"被提及30次，"物流"被提及16次，"运输"被提及10次，推动粤港澳大湾区现代物流业发展十分重要。涉及建设国际交通物流枢纽、构建现代货运物流体系、推进物流合作发展等诸多方面。[21]但是，目前针对粤港澳大湾区物流效率的指标体系和整体效率评价的研究比较缺乏。第二，当前的研究大多数集中在面向全国各省份、市县或某行业上市企业的研究，对于一体化发展趋势较显著的区域相关研究较缺乏。第三，从研究方法来看，传统的DEA方法无法区分环境因素、随机误差和内部管理等变量的影响，难以做出较真实的效率评价，从而提出的提升路径与对策也相对缺乏针对性。

基于上述分析，本研究针对粤港澳大湾区的物流产业，综合已有的研究成果和走访调研结果，结合粤港澳大湾区的特点构建投入产出指标体系，构建三阶段DEA模型，选取近7年的面板数据，经过Person相关性检验，运用SFA模型剔除环境因素和随机误差，从而得出较真实的效率评价结果。最后，针对粤港澳大湾区物流业发展现状提出提升路径。

三、研究方法与数据说明

3.1三阶段DEA模型

综合已有文献的成果，数据包络法已被广泛使用，但是为了能够更好地显示效率变化，本文选择三阶段DEA模型进行研究。基于规模报酬不变的物流效率结果，增加规模因素，分析物流规模对效率的影响；在此基础上新增技术因素，进一步分析物流效率变化，完成从量变到质变过程中物流效率的时空演化分析，科学确定粤港澳大湾区的物流效率阶段以及下一步的演化轨迹。

第一阶段：传统的DEA模型（BCC模式）。由查恩斯（Chames）等（1978）提出的分析可变规模报酬（Variable Returns Scales VRS）的多投入多产出模式下决策单元的相对有效性。

第二阶段：相似SFA分析模型。Fried等[22]（2002）认为，第一阶段测算的投入产出松弛变量不能区分环境因素、随机误差和内部管理对效率的影响。因此，在此构建SFA模型，通过SFA回归方程测算，将决策单元调整到相同的环境状态，测算出能够反应各决策单元内部管理真实水平的效率，从而剔除环境因素和随机误差的影响。

第三阶段：调整后的DEA模型。将原始投入数值用第二阶段调整后的投入数值代替，再次运用BCC模型，测算各决策单元DMU的综合效率、纯技术效率和规模效率。剔除环境因素和随机误差后，得到相对真实的效率评价。DEA往往与Malmquist指数结合使用，特别是动态效率应该用Malmquist指数来衡量。

3.2 投入产出指标、环境变量的选取及数据来源

（1）投入产出指标的选取。物流效率投入产出指标的选取遵循代表性、可取性、关联性等原则，王书灵、王博、李勇辉、马明等选取固定资产投资额、物流网络里程或密度、从业人员数量等作为投入指标，选取货运量、货物周转量、物流生产总值等作为产出指标；选取政府支持、科技水平、电信业务总量、地区生产总值等作为环境变量；有鉴于此，参考已有的研究，结合实际走访调研结果，产出指标选择了货运量（亿吨）、货物周转量（亿吨公里）、交通运输、仓储和邮政业生产总值（亿元）。投入指标选取了物流基本设施和物流企业能力两个方面的3个指标，包括交通运输、仓储和邮政业固定资产投资总额（亿元）、交通网密度（单位面积的公共交通公里数）、交通运输、仓储和邮政业从业人员（万人）。投入产出指标如表1-1所示。

表 1-1　粤港澳大湾区物流业效率投入产出指标

指标类型	指标名称
投入指标	交通运输、仓储和邮政业固定资产投资总额（亿元）
	交通网密度（单位面积的公共交通公里数）
	交通运输、仓储和邮政业从业人员（万人）
产出指标	货运量（亿吨）
	货物周转量（亿吨公里）
	交通运输、仓储和邮政业生产总值（亿元）

（2）环境变量的选取。环境变量是指对物流效率确实存在影响，但不是物流主体可控的主观因素，这些环境因素来自外部，并在一定时间内存在一定的差异。经过文献研究和实地走访调研，选取了5个变量来剔除环境因素对粤港澳大湾区物流效率的影响，分别是地区生产总值（亿元）、政府支持（交通运输、仓储、邮政业固定资产投资占全社会固定资产投资的比例）、外贸水平（亿美元）、外商投资（亿美元）、科技水平（信息传输、软件和信息技术服务业占全社会固定资产投资的比例）。

（3）数据来源。本文数据来源于《中国统计年鉴》《粤港澳大湾区统计年鉴》《澳门统计暨普查局》和《香港政府统计处》等，选取了2012—2018年的数据。文章选择这一时间段以2012年为起始段，是因为2012年是中国新时代的开启年，2012—2018年物流领域数据也为珠三角经济区升级为粤港澳大湾区提供支撑。

（4）Person相关性检验。采用SPSS19.0软件进行Person相关性检验，投入产出变量的相关系数均在1%或5%的显著性水平下为正，因此，选取的投入产出指标之间符合同向性假设，满足三阶段DEA效率分析的条件，如表1-2所示。

表1-2 投入产出指标 Person 相关性检验结果

产出指标 投入指标	固定资产投资总额	交通网密度	交通运输、仓储和邮政业从业人员
货运量	0.976^{**}（0 001）	0.818^{*}（0 047）	0.980^{**}（0 001）
货物周转量	0.951^{**}（0 004）	0.933^{**}（0 007）	0.860^{*}（0 028）
交通运输、仓储和邮政业生产总值	0.890^{*}（0 017）	0.927^{**}（0 008）	0.800^{*}（0 056）

注：*.表示在5%水平（双侧）上显著相关；**.表示在1%水平（双侧）上显著相关。

四、粤港澳大湾区物流效率分析

4.1 第一阶段，传统 DEA 实证结果分析

本文采用DEAP2.1软件，在没有剔除环境因素和随机误差的情况下，对2012—2018年粤港澳大湾区9+2城市群的物流效率从时间和空间两个维度进行评价。

表 1-3　2012—2018 年粤港澳大湾区及各区投入产出效率表

城市		2012	2013	2014	2015	2016	2017	2018	平均值
广州	TE	0.983	0.986	0.931	1.000	0.977	1.000	1.000	0.983
	PE	0.992	0.990	0.945	1.000	0.978	1.000	1.000	0.986
	SE	0.991	0.996	0.985	1.000	1.000	1.000	1.000	0.996
深圳	TE	0.533	0.540	0.558	0.571	0.596	0.656	0.688	0.592
	PE	1.000	0.988	1.000	1.000	1.000	1.000	1.000	0.998
	SE	0.533	0.547	0.558	0.571	0.596	0.656	0.688	0.593
珠海	TE	0.315	0.429	0.479	0.453	0.474	0.509	0.536	0.456
	PE	1.000	1.000	1.000	1.000	1.000	1.000	0.986	0.998
	SE	0.315	0.429	0.479	0.454	0.474	0.509	0.543	0.458
佛山	TE	0.914	1.000	0.911	0.930	0.936	0.985	1.000	0.954
	PE	0.958	1.000	0.966	0.969	0.977	1.000	1.000	0.981
	SE	0.954	1.000	0.943	0.960	0.958	0.985	1.000	0.971
惠州	TE	0.593	0.584	1.000	0.601	0.740	0.997	1.000	0.788
	PE	0.970	0.938	1.000	0.836	0.906	1.000	1.000	0.950
	SE	0.612	0.623	1.000	0.718	0.817	0.997	1.000	0.824
东莞	TE	0.441	0.420	0.508	0.598	0.652	0.714	0.675	0.573
	PE	0.511	0.492	0.537	0.605	0.675	0.753	0.702	0.611
	SE	0.864	0.853	0.947	0.989	0.966	0.948	0.962	0.933
中山	TE	0.575	0.636	0.765	0.632	0.623	0.541	0.499	0.610
	PE	0.713	0.750	0.862	0.746	0.743	0.719	0.703	0.748
	SE	0.806	0.848	0.887	0.847	0.839	0.753	0.711	0.813
江门	TE	0.664	0.481	0.574	0.506	0.533	0.578	0.641	0.568
	PE	0.894	0.891	0.939	0.895	0.900	0.920	0.977	0.917
	SE	0.743	0.540	0.611	0.565	0.592	0.628	0.656	0.619
肇庆	TE	0.519	0.365	0.781	0.528	0.603	0.889	1.000	0.669
	PE	1.000	0.953	1.000	0.938	0.934	0.981	1.000	0.972
	SE	0.519	0.382	0.781	0.563	0.645	0.907	1.000	0.685

香港	TE	1.000	0.880	0.913	0.922	0.982	0.992	1.000	0.956
	PE	1.000	0.888	0.914	0.938	0.987	1.000	1.000	0.961
	SE	1.000	0.992	0.999	0.984	0.995	0.992	1.000	0.995
澳门	TE	0.603	0.764	1.000	1.000	1.000	1.000	0.432	0.828
	PE	0.870	1.000	1.000	1.000	1.000	1.000	0.504	0.910
	SE	0.693	0.764	1.000	1.000	1.000	1.000	0.857	0.902
平均	TE	0.649	0.644	0.765	0.704	0.738	0.805	0.770	0.725
	PE	0.901	0.899	0.924	0.903	0.918	0.943	0.897	0.912
	SE	0.730	0.725	0.836	0.786	0.807	0.852	0.856	0.799

注：综合技术效率TE＝纯技术效率PE*规模效率SE。

DEA实证研究结果如表1-3所示，具体分析如下：

（1）物流核心区域明确

从空间方面来看，粤港澳大湾区的物流效率整体较高，综合技术效率（TE）的平均值为0.725，纯技术效率（PE）的平均值为0.912，规模效率（SE）的平均值为0.799。分地区来看：综合技术效率方面，广州、佛山和香港具有显著的领先优势，惠州和澳门处于第二梯队，深圳、珠海、东莞、中山、江门、肇庆较弱。针对这一结果，从综合技术效率的构成来看，纯技术效率视角下，广州、深圳、珠海、佛山、惠州、江门、肇庆、香港、澳门均较高，东莞与中山存在较大差距；规模效率视角下，广州、佛山、惠州、东莞、中山、香港、澳门均较高，深圳、珠海、江门与肇庆处于较低水平。广州和香港的物流效率处于绝对核心水平，这与当前广州和香港的国际物流枢纽发展实际相符，而广州与佛山在《广佛同城化"十三五"发展规划（2016—2020）》的作用下，物流共享协调发展越来越高；惠州随着近年来积极融入深圳的发展策略，采用高技术、高标准，物流技术和规模都形成较高水平；澳门作为粤港澳大湾区人均GDP最高的城市，物流发展已经形成稳定高效的模式；深圳、珠海自2008年金融危机后率先开启创新发展模式，肇庆、江门在后金融危机时代也加入创新发展的行列，但是由于市场份额的约束，当前处于物流设施的高端化没有充分获得规模经济效应，物流成本的影响使产品在国际市场中的竞争力受到较大影响。反观东莞与中山，创新发展的步伐显著慢于粤港澳大湾区的其他地区，作为"三来一补"加工贸易时期快速发展起来的城市，中山始终以加工产业和小作坊模式为主导产业，因此，物流设施的高端化进程显著滞后；而东莞和深圳在2002年因为劳动力成本的大幅上升率先进入以贴牌生产为主导的高端加工贸易阶段，并与东盟国家形成较稳定的供应链，即使在金融危机时期也能保障经济合作的平稳发展，但是东莞并没有在2008年之后转变产业发展方式，依然以加工产业为主导产业，因此，物流设施的高端化进程显著滞后，这不利于东莞在大湾区时期与其他城市齐头并进发展。

（2）受宏观经济环境影响显著

从时间方面来看，测算粤港澳大湾区9+2城市群多年综合效率、纯技术效率和规模效率及平均值，从粤港澳大湾区整体来看，2012—2018年粤港澳大湾区的综合技术效率（TE）、纯技术效率（PE）和规模效率（SE）均整体呈阶梯上升趋势。从各地区来看，各地区的综合技术效率、纯技术效率和规模效率总体呈阶梯上升趋势，但也存在不同程度的波动，其中珠海、佛山、惠州、东莞、肇庆等地区的效率提升较显著。无论是总体还是分地区，可以看到2015年是变化较大的年份，从世界经济环境看，2008年金融危机之后，世界各国的经济发展普遍缺乏新的经济增长点，复苏步伐缓慢；从我国经济环境看，由于世界市场活跃度低，中国在后金融危机时代，不断出台以激发经济增长点为目的的经济发展战略，从以实体经济为主、"一带一路"到"互联网+"战略，均在致力于这一目的，作为中国经济发展的先发地区，珠三角经济区的物流业得到一定程度的发展，但是受制于整体环境的影响，尤其是欧美市场进口规模的下降、"一带一路"市场规模有限等因素，2015年，这一地区的物流产业发展出现下滑趋势。然而，伴随2015年和2016年国家先后出台"中国制造2025"和供给侧结构性改革，珠三角经济区紧紧把握时机，在先进制造和创新发展领域的突出表现使这一地区在欧美市场萎缩的情况下获得了"一带一路"区域较大的市场份额，因此在经历下滑之后，物流业效率平稳提升，这为2017年珠三角经济区升级为粤港澳大湾区夯实了基础。

4.2 第二阶段，SFA 回归结果分析

为了更加真实地进行效率评价，剔除环境因素、随机误差和无效率管理等因素对物流效率的影响，本文采用Frontier4.1软件，构建SFA回归方程。将第一阶段中测算出的物流业固定资产投资总额、物流业从业人员数量、交通网密度三个投入松弛变量作为回归方程的因变量，将地区生产总值、政府支持、外贸水平、外商投资及科技水平五个环境变量作为回归方程的自变量。

表1-4 第二阶段 SFA 模型回归结果

环境变量 投入标量	物流业固定资产投资 总额松弛变量	物流业从业人员 数量松弛变量	交通网密度 松弛变量
常数项	8.872 （13.337）	−0.172 （0.796）	37.014 （27.13）
地区生产总值	0.003** （0.001）	0.001*** （0.000）	0.013*** （0.003）
政府支持	−667.328*** （110.337）	−4.981 （6.156）	−1038.163*** （280.764）
外贸水平	−0.004 （0.002）	−0.001** （0.000）	0.006 （0.006）
外商投资	−0.03 （0.002）	−0.007 （0.012）	−1.827** （0.733）
科技水平	1659.177*** （268.316）	−10.419 （15.344）	−675.167 （750.906）
δ^2	6730.014*** （551.408）	209.208*** （76.025）	28755.002*** （2892.417）

续　表

环境变量 投入标量	物流业固定资产投资 总额松弛变量	物流业从业人员 数量松弛变量	交通网密度 松弛变量
γ	0.897*** （0.023）	0.99*** （0.003）	0.723*** （0.050）
LR	81.4963	145.714	38.798

注：***、**、*为在1%、5%和10%的水平上显著；括号内为标准差，数值均保留3位小数。

SFA回归结果如表1-4所示，环境变量在1%、5%或10%的水平上不同程度地通过了显著性检验。投入指标物流业固定资产投资总额、物流业从业人员数量和交通网密度松弛变量的 γ 值接近1，且在1%的水平上显著，表明环境变量对粤港澳大湾区物流业的投入松弛变量存在显著影响，因此这三个投入指标需要调节。环境变量对投入指标的影响具体分析如下：

（1）地区生产总值：地区生产总值与物流业固定资产投资总额、物流业从业人员数量、交通网密度的回归系数为正数，且在1%的水平上显著，表明随着地区经济的发展，地区物流基础设施建设、交通网建设也会大幅增加，从而促进经济的发展，但过多的投入不可避免会产生冗余，降低物流效率；而经济的发展也会吸引提高物流业从业人员数量，但从长期看，劳动力投入将逐步放缓，其数量将逐渐和较高的经济水平相适应。

（2）政府支持：政府支持与物流业固定资产投资总额、物流业从业人员数量、交通网密度的回归系数为负数，表明政府支持对减少粤港澳大湾区物流业效率的投入有促进作用，其中政府支持与物流业固定资产投资总额与交通网密度在1%的水平上显著，说明一方面粤港澳大湾区政府部门的经济治理能力较强，能够精准对接区域经济发展需求提供政策、资金等支持，另一方面说明粤港澳大湾区的高质量发展还需要政府积极参与，区域市场的自发发展还存在出现严重市场失灵的可能性。

（3）外贸水平：外贸水平与物流业固定资产投资总额、物流业从业人员数量的回归系数为负数，与交通网密度的回归系数为正数，但外贸水平只与物流业从业人员数量在5%水平显著，表明外贸进出口的增加对减少物流业从业人员数量投入冗余起到促进作用，随着粤港澳大湾区从外向型经济发展模式走向创新性经济发展模式，从来料加工到自主创新的发展，外贸进出口商品含金量正在不断提升，从而单位物流货物的价值和物流从业人员数量之间的比例不断增大，促进物流从业人员结构调整，从粗放物流到精细物流转变。

（4）外商投资：外商投资与物流业固定资产投资总额、物流业从业人员数量、交通网密度的回归系数为负数，与交通网密度在5%水平显著，表明外商投资对减少交通网密度投入冗余起到促进作用，随着改革开放的不断深入，外商投资额也逐年增加，吸引外商投资就要有好的交通网，而好的交通网更能吸引外商投资；外商投资能够增加交通覆盖和利用率，减少交通网密度投入冗余。

（5）科技水平：科技水平与物流业固定资产投资总额的回归系数为正数，与物流业从业人员数量和交通网密度的回归系数为负数，但科技水平只与物流业固定资产投资在1%水平显著，表明科技投入的增加，也会促进现代物流业的基础投资，随着粤港澳大湾区物流一体化的发展，仓储物流协调配置、短期增加的物流基础投入冗余会随着大湾区仓储物流的协调发展而慢慢达到合理利用率。

4.3 第三阶段，投入调整后的DEA结果分析

采用调整后的数据，再次运用BCC模型测算粤港澳大湾区物流业投入产出效率。对比第一阶段和第三阶段的测算结果，当调整后的效率升高，说明环境因素对物流业效率有负面影响；当调整后的效率降低，说明环境因素对物流业效率有正面影响。

表 1-5　2012—2018 年投入变量调整后的粤港澳大湾区物流业效率

城市		2012	2013	2014	2015	2016	2017	2018	平均值
广州	TE	0.930	0.952	0.903	1.000	0.946	1.000	1.000	0.962
	PE	0.935	0.989	0.905	1.000	0.955	1.000	1.000	0.969
	SE	0.995	0.963	0.998	1.000	0.990	1.000	1.000	0.992
深圳	TE	0.425	0.428	0.440	0.461	0.506	0.561	0.546	0.481
	PE	0.692	0.703	0.750	0.809	0.887	1.000	0.973	0.830
	SE	0.613	0.609	0.587	0.570	0.571	0.561	0.562	0.582
珠海	TE	0.176	0.237	0.268	0.256	0.283	0.294	0.350	0.266
	PE	0.670	0.666	0.678	0.660	0.743	0.668	0.786	0.696
	SE	0.262	0.356	0.395	0.388	0.381	0.440	0.445	0.381
佛山	TE	0.886	1.000	0.841	0.906	0.901	0.946	1.000	0.926
	PE	0.972	1.000	0.872	0.936	0.961	0.972	1.000	0.959
	SE	0.912	1.000	0.964	0.968	0.938	0.973	1.000	0.965
惠州	TE	0.396	0.399	1.000	0.460	0.624	0.984	1.000	0.695
	PE	0.708	0.702	1.000	0.681	0.810	1.000	1.000	0.843
	SE	0.559	0.569	1.000	0.676	0.771	0.984	1.000	0.794
东莞	TE	0.356	0.335	0.433	0.501	0.496	0.584	0.577	0.469
	PE	0.495	0.468	0.499	0.556	0.549	0.611	0.609	0.541
	SE	0.718	0.716	0.866	0.902	0.904	0.955	0.948	0.858
中山	TE	0.466	0.530	0.631	0.549	0.563	0.491	0.426	0.522
	PE	0.777	0.794	0.850	0.771	0.781	0.723	0.701	0.771
	SE	0.600	0.667	0.743	0.712	0.721	0.679	0.609	0.676
江门	TE	0.411	0.335	0.411	0.342	0.365	0.404	0.436	0.386
	PE	0.833	0.768	0.796	0.737	0.753	0.783	0.822	0.785
	SE	0.494	0.436	0.516	0.464	0.485	0.516	0.531	0.492
肇庆	TE	0.165	0.159	0.426	0.196	0.210	0.234	0.272	0.237
	PE	0.888	0.822	1.000	0.845	0.848	0.854	0.895	0.879
	SE	0.186	0.193	0.426	0.231	0.248	0.274	0.304	0.266

续　表

城市		2012	2013	2014	2015	2016	2017	2018	平均值
香港	TE	1.000	0.885	0.906	0.986	1.000	0.973	1.000	0.964
	PE	1.000	0.911	0.927	0.999	1.000	0.978	1.000	0.973
	SE	1.000	0.972	0.978	0.987	1.000	0.996	1.000	0.990
澳门	TE	0.214	0.379	1.000	0.538	0.573	0.656	0.241	0.514
	PE	0.837	0.929	1.000	0.911	0.898	0.907	0.804	0.898
	SE	0.255	0.408	1.000	0.591	0.638	0.723	0.300	0.559
平均	TE	0.493	0.513	0.660	0.563	0.588	0.648	0.623	0.584
	PE	0.801	0.796	0.843	0.809	0.835	0.863	0.872	0.831
	SE	0.599	0.626	0.770	0.681	0.695	0.736	0.700	0.687

　　将调整后的指标再次进行DEA分析，实证研究结果如表1-5所示，从时间和空间两个维度分析如下：从空间上来看，剔除环境因素和随机误差后，粤港澳大湾区的综合技术效率和规模效率降低，下降幅度较大，说明地区生产总值、政府支持等环境因素对综合技术效率和规模效率具有正面作用且作用显著；从各个地区来看，广州和佛山物流业的综合技术效率虽然有所下降，但下降幅度很小，说明生产总值、政府政策支持、外贸水平和科技投入等外部环境因素促进了物流效率的提升，但他们本身的物流效率技术水平还是很高；珠海、江门、肇庆和澳门等综合技术效率下降幅度较大。纯技术效率普遍较高，规模效率降幅较大，说明剔除环境因素后，更加真实地反映出这些地区物流业管理技术水平相对较好，规模效率是制约粤港澳大湾区物流业效率提升的主要因素；这些地区外部环境优越，区位优势显著，政府政策支持和科技水平方面相对领先，外贸水平和外商投资额较高，说明了粤港澳大湾区的有利环境对物流业产出增加具有较明显的推动作用，不剔除外部环境因素和随机变量等影响会高估物流业的效率水平。从极值来看，剔除环境因素和随机误差等影响后，粤港澳大湾区的物流发展不均衡更加明显，结果如表1-5所示。从时间方面来看，剔除环

境因素和随机误差后，2012—2018年粤港澳大湾区及各地区的综合技术效率、纯技术效率和规模效率整体呈上升趋势，但也存在不同程度的波动。

五、结论与建议

5.1 结论

粤港澳大湾区是我国经济发展新引擎，物流业是粤港澳大湾区发展的重要基础条件和驱动力，面临巨大的发展机遇，研究粤港澳大湾区的物流业效率具有重要的理论和现实意义。本文选取了物流业固定资产投资总额、交通网密度和从业人员数量作为投入指标；物流业生产总值、货运量和货物周转量作为产出指标；地区生产总值、政府支持、外贸水平、外商投资和科技水平作为环境变量；运用三阶段DEA模型研究了2012—2018年粤港澳大湾区9+2城市群物流业效率的时空格局演化特征以及环境影响因素，结论表明：

第一，从时间演变来看，2012—2018年粤港澳大湾区的综合技术效率（TE）呈阶梯上升趋势，但也存在不同程度的波动，其中珠海、佛山、惠州、东莞、肇庆等地区的效率提升较显著。2015年是转折年，由于2015年之前大湾区区域的物流主要服务于传统产业，习惯与欧美市场的经济合作；2015年之后，伴随先进制造和创新发展，大湾区的物流业发展品质出现跃升。其中广州，香港、佛山等城市的物流投入持续增加，物流效率持续高位。而大湾区其他8个城市虽然物流效率不高，但始终呈上升趋势，说明在后经济危机时代，大湾区在一带一路政策引导下，在消费稳步增长的前提下，物流产业不断创新发展，物流仓储合理配置，物流效率稳步增加。因此，大湾区的物流效率尽管有波动，但是综合技术效率、纯技术效率和规模效率总体处于持续递增状态。如表1-6所示。

表 1-6　粤港澳大湾区城市效率时间分布表

综合效率 年份	2012 年	2014 年	2016 年	2018 年
0.8-1.0	广州、佛山、香港	广州、佛山、香港、惠州、澳门	广州、佛山、香港	广州、佛山、香港、惠州
0.6-0.8		中山	惠州	
0.4-0.6	深圳、中山、江门	深圳、江门、肇庆、东莞	深圳、东莞、中山、澳门	深圳、东莞、中山、江门
0.2-0.4	惠州、东莞、澳门	珠海	珠海、江门、肇庆	珠海、肇庆、澳门
0.0-0.2	珠海、肇庆			

　　第二，从空间演变来看，粤港澳大湾区的9+2个地区物流发展较不平衡。广州、佛山和香港具有显著的领先优势，惠州和澳门处于第二梯队，深圳、珠海、东莞、中山、江门、肇庆较弱。纯技术效率方面东莞、中山与其他城市存在较大差距，主要因为以加工产业为主导，物流设施的高端化进程相对滞后；规模效率视角下，深圳、珠海、江门与肇庆处于较低水平。广州和香港的物流效率处于绝对核心水平，这与当前广州和香港的国际物流枢纽发展实际相符，而广州与佛山在《广佛同城化"十三五"发展规划（2016—2020）》的作用下，物流共享协调发展越来越高；惠州随着近年来积极融入深圳的发展策略，采用高技术、高标准，物流技术和规模都形成较高水平；澳门作为粤港澳大湾区人均GDP最高的城市，物流发展已经形成稳定高效的模式。深圳、珠海自2008年金融危机后率先开启创新发展模式，肇庆、江门在后金融危机时代也加入创新发展的行列，但是由于市场份额的约束，当前处于物流设施的高端化没有充分获得规模经济效应，物流成本的影响使产品在国际市场中的竞争力受到较大影响。广州、佛山和香港在剔除环境因素后，综合技术效率、纯技术效率和规模效率均保持较高水平，说明这三个区域无论是从内部管理技术水平还是外部规模方面的效率都很好，是粤港澳大湾区提升物流效率的引领；其中，珠海、江

门、肇庆和澳门等地综合技术效率和规模效率都降幅较大，说明剔除环境因素影响是非常必要的，这些地区纯技术效率较高，说明物流业的管理技术能力较好，但规模效率较低，成为提升物流业效率的主要制约因素；因此，这些地区不能满足于外部环境因素推动带来的物流效率的虚高，而是要抓住粤港澳大湾区的发展机遇，更加合理地利用并推动物流业效率进一步提升。从粤港澳大湾区整体来看，综合物流效率较高，剔除环境因素后，粤港澳大湾区整个区域的综合技术效率和规模效率降低且幅度较大，说明剔除外部环境因素是很有必要的，否则会高估粤港澳大湾区物流业的综合技术效率和规模效率，从而导致效率评价和对策建议的偏差；同时，也说明这些外部环境因素对综合技术效率和规模效率正面作用显著，是因为粤港澳大湾区作为全国重要的国家战略和经济领先的重要发展区域之一，对外经济、政府政策、科技水平等外部环境对物流业的产出有非常显著的推动作用，但值得注意的是，高产出不代表高效率，从测算结果看，剔除后的规模效率明显下降，也使得综合技术效率降低显著，纯技术效率仍保持高位，说明粤港澳大湾区物流业的内部管理技术水平相对较高，而规模效率成为制约粤港澳大湾区物流业效率提升的主要因素。

第三，从环境影响因素来看，随着地区经济的发展，地区物流基础设施建设、交通网建设也会大幅增加，从而促进经济的发展，但过多的投入不可避免会产生冗余，降低物流效率；而经济的发展也会吸引提高物流业从业人员数量，但从长期看，劳动力投入将逐步放缓，其数量将逐渐和较高的经济水平相适应。政府支持对粤港澳大湾区物流业效率的作用大，尤其在物流业固定资产投资和交通网络密度方面的作用极大，说明粤港澳大湾区政府部门的经济治理能力较强，能够精准对区域经济发展需求提供政策、资金等支持，另一方面说明粤港澳大湾区的高质量发展还需要政府积极参与，区域市场的自发发展还存在出现严重市场失灵的可能性。外贸水平和外商投资对大湾区的物流业效率各指标大多存在负向作用，这表明大湾区经济发展已经全面由外向型经济发展模式走向创新性经济发展模式。世界经济危机对大湾区的冲击不会导致区域经济发展陷入深度衰退，但是从系数可以看出，大湾区的创新型经济的发展实力还较弱，需要大幅提升。

5.2 建议

根据以上结论，从提高粤港澳大湾区物流规模效率角度，需缩小各地区物流业发展差距，使粤港澳大湾区物流业一体化协同发展；从提高粤港澳大湾区物流纯技术效率的角度，需创新物流业内部管理技术或模式；从外部环境因素的角度，需优化外部环境因素，对物流业效率提升产生正面影响。因此，提出如下三点建议：

（1）推进粤港澳大湾区物流业一体化协同发展。把握粤港澳大湾区发展的重大机遇，各地区发挥资源优势，并加强交流合作，推动区域物流业一体化协同发展。广州、深圳、香港等地区发挥并进一步强化原有的比较优势，加快建设区域联动的海陆空铁多式联运物流枢纽，引领辐射和带动粤港澳大湾区其他地区协同发展。珠海、中山、江门等地区面临难得的发展机遇，分析自身优势找准定位，广泛寻求跨地区合作的路径和模式，积极参与发达地区物流枢纽建设，不断完善和强化快速便捷的物流网络节点建设，共商共建共享海陆空铁物流通道、物流集散、货物存储、转运分拨配送等基地，合理布局，避免过度投资和重复建设。利用发达地区物流溢出和辐射，缩小物流效率差距。促进区域物流资源高效合理利用，从而提高粤港澳大湾区物流资源空间配置效率。

（2）创新驱动，加快物流业优化升级。借鉴东京大湾区等世界一流湾区的科技创新机制，推动物流业优化升级。加大产学研合作和科技投入力度，利用智慧物流推动物流产业优化升级。应用5G技术、区块链、物联网和人工智能等新一代信息技术，攻关关键核心技术，推进先进技术在优化流程、无人仓储配送、数据共享和挖掘等领域的应用落地，引领企业通过数据共享、技术进步和模式创新降低运营成本，从而进一步提升粤港澳大湾区物流业管理技术水平和可持续发展。

（3）区域产业协同发展，推动外向型经济，持续优化外部环境。发挥各地区的产业优势和特色，区域间产业优势互补，协同发展，从而优化粤港澳大湾区产业结构。加快推进粤港澳大湾区广州南沙、深圳前海和珠海横琴三个自由贸易试验区建设，并促进广州、深圳、珠海、东莞国家级跨境电商综合试验区建设，共同探索粤港澳新型对外经济发展模式，加快外向型经济发展，从而持续发挥外部环境对物流业的推动作用。

参考文献

[1] 中共中央国务院.粤港澳大湾区发展规划纲要[N].人民日报，2019-02-19（A01）.

[2] 省委、省政府印发关于贯彻落实《粤港澳大湾区发函规划纲要》的实施意见[N].南方日报，2019-07-05.

[3] 何黎明.推进供给侧结构性改革 培育物流业发展新动能[J].中国流通经济,2016（6）：5-9.

[4] 谢泗薪,帅世耀.供给侧改革下物流企业战略发展路径与策略创新[J].中国流通经济,2017（2）：31-38.

[5] 史锦梅.我国物流企业供给侧结构性改革的应对之策[J].中国流通经济,2016（8）：22-27.

[6] 王娟娟.一带一路经济区新兴产业流通服务供给侧结构性改革探索[J].中国流通经济,2017（1）：14-22.

[7] 闫琰.供给侧改革背景下物流业发展对策研究[J].价格月刊,2016（9）：91-94.

[8] 丰佳栋.供给侧改革下第四方物流模块化服务创新模型设计[J].中国流通经济,2017（3）：71-78.

[9] 田丽.基于供给侧改革环境分析中西部少数民族区域物流效率的提升策略[J].贵州民族研究,2018（5）：158-161.

[10]刘翠萍,李武.中国物流业效率评价文献综述[J].中国流通经济,2016（11）：12-21.

[11]丁海宁,胡小建,杨海洪.供给侧改革背景下宁夏物流效率提升路径研究[J].北方民族大学学报(哲学社会科学版),2016（5）：138-140.

[12]秦雯.供给侧改革下珠海港口物流效率及影响因素研究[J].商业经济研究,2018（22）：138-140.

[13]刘丽波,李苏敏.供给侧改革下我国流通业投入产出效率评价——基于政府统计数据和DEA分析法[J].商业经济研究,2018（6）：173-175.

[14]孙夏令.供给侧改革视域下物流业转型发展——以河南省为例[J].商业经济研究,2018（4）：74-76.

[15]吴旭晓.经济大省物流业效率动态演化及其影响因素[J].中国流通经济,2015（3）：24-31.

[16]邵桂波.基于三阶段DEA模型的我国商贸流通业效率测度[J].商业经济研究,2018（13）：30-32.

[17]李娟,王琴梅.丝绸之路经济带核心区物流业规模效率分析[J].西安财经学院学报,2018（10）：73-77.

[18]肖建辉.粤港澳大湾区物流业高质量发展的路径[J].中国流通经济,2020,34（3）:66-81.

[19]詹荣富,黄立军.粤港澳大湾区各地物流效率现状原因及对策分析[J].物流工程与管理,2018,40（11）:19-22.

[20]肖斌,程晓静.广东省物流业区域效率差异与影响因素分析[J].商业经济研究,2018（2）:85-88.

[21]崔冬.《粤港澳大湾区规划纲要》带来的物流机遇[J].中国物流与采购,2019（5）:20-21.

[22]Fried, Lovell, Schmidt, Yaisawarng. Accounting for En-vironmental Effects and Statistical Noise in Data Envelopment Analysis[J].Journal of Productivity Analysis, 2002（17）:121—136.

第二节　丝绸之路经济带物流业效率评价与发展策略

一、引言

2013年10月，中国国家主席习近平访问东盟时，提出共建"21世纪海上丝绸之路"的重大倡议，得到国际社会高度关注。中国政府与沿线有关国家在基础设施互通、产业投资、资源开发、经贸合作、金融合作等领域加强合作并开展重大项目，区域间剧增的物质交流无疑使物流业的迅速发展迎来了重要的战略机遇期。2015年3月28日，国家发展改革委、外交部、商务部联合发布《推动共建丝绸之路经济带和21世纪海上丝绸之路的愿景与行动》明确将共同推进国际骨干通道建设，尤其将促进国际运输便利化、加强海上物流合作等作为合作重点。在国家发改委和外交部举行的座谈会上，各省领导表示将加快推进21世纪海上丝绸之路"国际物流大通道"的建设。然而，过往实践中，区域政府着眼于物流基础设施的规模化，而忽略物流业发展效率的现象较为突出，这造成投入冗余或产出不足，从而处于"高成本、低效率"的状态。显然，提升物流业发展效率，从而提升物流业竞争力，对于我国全面推进21世纪海上丝绸之路建设尤为迫切和重要。基于此，本研究提出一个值得关注的重要问题并展开研究：21世纪海上丝绸之路物流业效率水平如何？

二、文献综述

目前有关区域物流业效率的研究，引起国内外学者的高度关注。国外学者较多地从企业层面进行物流效率的研究，针对区域物流业的研究有限。Melendez O等[1]认为陈旧过时的区域经济制度环境是拉美地区物流效率低下的主要原因。Meidute等[2]认为市场需求、交通基础设施、信息技术等是影响区域物流效率的重要因素。国内学者对区域物流业效率的研究则有较大的发展，评价指标体系和DEA方法颇受关注。贺竹磬等[3]建立了区域物流相对有效的评价指标体系，并选取了国内生产总值、消费能力、交通网密度、物流产业经济投入、土地投入和从业人员收入作为投入指标，货运量、周转量和物流业产值作为产出指标进行DEA实证研究，结果表明我国区域物流效率地域差距明显，相对有效性从东向西呈现出明显的递减规律，非有效区域大多处于规模收益递增阶段。该文认为可以通过调整投入结构与投入规模，来达到提高区域物流服务能力的目的。袁丹等[4]选取交通运输、仓储和邮政业的职工人数、资本投入和基础设施投入的运输线路长度作为投入指标，对丝绸之路经济带物流业各地区进行DEA全要素生产率研究，结果表明丝绸之路经济带物流业全要素生产率受技术进步的影响呈波动趋势，其中宁夏物流业效率最高，云南物流业效率降幅最大。王永赞[5]选取交通运输、仓储和额邮政业年末从业人数、物流业固定资产投资额作为投入指标，交通运输、仓储和邮政业增加值作为产出指标，针对我国28个地区进行全要素能源效率分析，结果表明我国物流业全要素能源效率平均水平较低且存在明显的地区差异。吴旭晓[6]采用SE-DEA对广东省、江苏省、山东省、浙江省和河南省5个经济大省的物流业运作效率及联动效率进行了实证研究，结果显示不同省份物流业效率演化规律差异显著。

可见，国内外学者对区域物流效率的研究已经取得了丰硕的成果，但仍然存在以下不足：（1）投入和产出指标的选取都基于各自的标准，缺乏说服力；（2）已有研究大部分采用传统的DEA模型对多个决策单元效率进行评价，但出现多个决策单元相对有效的情况时，不能进一步区分排序；（3）基于中国期刊全文数据库（2000—2015）的搜索发现，以21世纪海上丝绸之路物流业效率的个案研究鲜有见闻。

基于此，本文从两个方面对21世纪海上丝绸之路物流业效率进行了研究：一方面，采用因子分析法重新构建投入和产出指标，克服选择上的主观性，从而更加公平、客观、科学地反映更全面的信息；另一方面，采用SE-DEA模型来代替传统的DEA模型，能够更加准确地测度物流业效率，从而对各决策单元进行充分排序。

本文的研究旨在探索21世纪海上丝绸之路物流业效率是否合理，为我国"一带一路"物流产业发展战略提供理论依据和实践启示，同时也可为其他区域的研究提供借鉴。

三、研究方法选择

3.1 因子分析模型

因子分析（Factor Analysis）具有适用范围广、客观程度较好、应用难度低、广泛性高的优点，是将存在一定程度相似性的指标进行整合，最终将若干个小指标糅合成几个大的因子变量即公共因子进行评价分析的方法。公共因子的个数远远少于原始变量的个数，因而研究和分析能大大减少工作量，而且相对于单纯凭借主观感受选择几个有代表性的因子来评价，因子变量是依据原始变量的信息进行重新构建，而不是对原变量进行取舍，这样可以公平、客观、科学地反映原有变量的大部分信息，能够在保证数据信息丢失最少的情况下，对高维空间变量进行科学合理的降维处理。[7]

因子分析是用较少个数的公共因子的线性函数和特定因子之和来表达原来观测的每个变量，从研究相关矩阵内部的依赖关系出发，把一些错综复杂的变量归纳为少数几个综合因子的一种多变量统计分析方法。当这几个公共因子（或综合因子）的累计方差和（即贡献率）达到85%或95%以上时，就说明这几个公共因子集中反映了研究问题的大部分信息，而彼此之间又不相关，信息不重叠。[8]

一般而言，通过初级变换得到的因子载荷差异不大，含义不明显，实用价值不高。为了更清楚地凸显因子实测变量之间的关系，提高公共因子的解释力，通常需要对因子载荷进行旋转处理，使因子载荷值向0和1两个方向分化。最常用的旋转方法是最大方差旋转法（Varimax）。运用该模型对21世纪海上丝绸之路物流业效率的诸多因子进行分析提取变量。

3.2 SE-DEA 模型

传统的 DEA 模型用于评价多项投入和多项产出的决策单元（Decision Making Units，DMU）的相对效率，以构建出一条非参数的 DEA 前沿面为目的，基于各决策单元偏离 DEA 前沿面的程度评价相对有效性。然而，通过 DEA 模型评价决策单元效率时，有时会出现多个 DMU 相对有效，从而无法进一步评价和比较这些相对有效的 DMU。本文选用 Andersen[9] 等提出的 SE-DEA 模型细化 DEA 的评价结果，对相对有效的多个 DMU 进一步进行评价与比较，从而对新丝绸之路物流业效率进行排序。

四、基于因子分析法提取投入和产出变量

4.1 指标及数据选取

影响 21 世纪海上丝绸之路物流业效率的影响因素众多，各种因素间相互作用，共同影响着 21 世纪海上丝绸之路物流业的效率。基于 21 世纪海上丝绸之路物流业的特点，如何建立影响 21 世纪海上丝绸之路物流业效率的指标体系非常重要。本文遵循指标体系的全面性、有针对性、关联性以及可取性等原则，探求数据的可靠性、权威性和实用性。在综合国内外相关文献研究成果的基础上，本文选取了 6 个投入变量（国内生产总值 X_1，外贸进出口总额 X_2，消费能力［人口数*消费水平］X_3，交通运输、仓储和邮政业固定资产投资总额 X_4，交通网密度［千米/平方公里］X_5，物流从业人员的收益能力［从业人员数*平均收益］X_6），以及 3 个产出变量（物流业 GDP Y_1，货运量 Y_2，货物周转量 Y_3）。同时选取 21 世纪海上丝绸之路位于我国境内的江苏、浙江、福建、山东、广东、海南 6 个省份作为研究对象，数据均来源于 2008—2013 年《中国统计年鉴》。

4.2 实证结果分析

通过 SPSS 软件计算 6 个投入变量的总方差，从累积方差的计算结果可见，成分 1 和成分 2 是符合条件的特征值，累积方差贡献率达 94.079%，涵盖了大部分变量信息。因此，选前两个成分作为公共因子，如表 1-7 所示。

表1-7　总方差解释表

成份	初始特征值			提取平方和载入			旋转平方和载入		
	合计	方差的 %	累积 %	合计	方差的 %	累积 %	合计	方差的 %	累积 %
1	4.401	73.346	73.346	4.401	73.346	73.346	3.531	58.853	58.853
2	1.244	20.733	94.079	1.244	20.733	94.079	2.114	35.226	94.079
3	.355	5.917	99.996						
4	.000	.004	100.000						
5	.000	.000	100.000						
6	.000	.000	100.000						

对初始因子的载荷矩阵进行方差旋转处理，第一个公共因子F1上载荷较大的有2个指标，分别是国内生产总值X_1和外贸进出口总额X_2，因此可以将公共因子F1定义为经济发展。第二个公共因子F2上载荷较大的有2个指标，分别是仓储和邮政业固定资产投资总额X_4和交通网密度（千米/平方公里）X_5，因此可以将公共因子F2定义为交通运输固定资产。后续计算将用新产生的2个公共因子代替原有的6个投入变量，如表1-8所示。

表1-8　旋转成分矩阵

投入变量	成分	
	公共因子 F1	公共因子 F2
X1	0.835	0.499
X2	0.915	0.315
X3	0.618	0.570
X4	0.680	0.839
X5	−0.979	0.991
X6	0.070	0.490

通过因子分析法计算结果重新构建了21世纪海上丝绸之路的投入指标和产出指标：将国内生产总值X_1，外贸进出口总额X_2，消费能力（人口数 *消费水平）X_3，交通运输、仓储和邮政业固定资产投资总额X_4，交通网

密度（千米/平方公里）X_5，物流从业人员的收益能力（从业人员数*平均收益）X_6六个投入变量重新构建为经济发展F1和交通运输固定资产F2两个投入指标，物流业GDP Y_1，货运量Y_2，货物周转量Y_3三个产出指标保持不变，如表1-9所示。

表1-9 重构后的投入和产出指标

省份	F1	F2	Y1	Y2	Y3
江苏省	0.388	0.788	0.974	0.546	1.000
浙江省	0.386	0.554	0.584	0.565	0.906
福建省	0.351	0.376	0.512	0.315	0.421
山东省	0.367	0.743	0.860	0.770	0.833
广东省	1.000	1.000	1.000	1.000	0.933
海南省			0.100	0.100	

五、基于SE-DEA模型的物流业效率评价

本文选取因子分析法重构后的两个投入指标和三个产出指标，采用DEA和SE-DEA模型测算21世纪海上丝绸之路位于我国境内的6个省份2013年的技术效率、纯技术效率和规模效率，结果如表1-10所示。

表1-10 2013年6个省份DEA和SE-DEA模型分析结果

省份	传统DEA模型				SE-DEA模型	
	技术效率	纯技术效率	规模效率	排名	超技术效率	排名
江苏省	1.000	1	1	1	1.132	3
浙江省	1.000	1	1	1	1.324	2
福建省	1.000	1	1	1	1.114	4
山东省	1.000	1	1	1	1.438	1
广东省	0.965	1	0.965	2	0.965	5
海南省	0.965	1	0.965	2	0.965	5

由表1-10的排名可见，传统DEA模型对于相对有效的数据无法进一

步排序，然而SE-DEA模型可以进行充分排序，并能够反映增长空间情况。基于SE-DEA模型对2013年的数据进行分析，超技术效率排名前4位的江苏、浙江、福建和山东4个省份物流业效率都达到技术效率前沿，并具有较大的发展空间，其中山东省最高，能够同比例提高43.8%，广东省和海南省的物流效率未达到技术效率前沿。

在2013年21世纪海上丝绸之路位于我国境内的6个省份物流业效率比较分析的基础上，基于2008—2013年的数据，运用SE-DEA模型进一步从动态演化的角度分别对6个省份物流业超技术效率进行分析，结果如表1-11所示。

表1-11　2008—2013年6个省份物流业超技术效率分析结果

省份	2008	2009	2010	2011	2012	2013
江苏省	0.799	0.823	0.898	0.909	0.939	1.132
浙江省	0.725	0.684	0.764	0.850	1.042	1.324
福建省	0.863	0.889	0.873	0.818	0.829	1.114
山东省	2.985	3.038	2.474	2.277	2.086	1.438
广东省	0.662	0.632	0.653	0.656	0.710	0.965
海南省	0.695	0.687	0.702	0.726	0.753	0.965

六、结论与讨论

6.1 研究发现

本文采用因子分析法和SE-DEA模型相结合的方法测算了我国21世纪海上丝绸之路物流业的超技术效率，对其动态演化和区域差异进行了分析比较，研究发现在中国境内的江苏、浙江、福建、山东、广东和海南6个省份中，山东省2008至2013年物流业效率最高，均达到了技术效率前沿，这与山东省的经济发展状况和港口、公路交通等交通运输固定资产投资紧密相关：2008年以来山东省经济发展迅猛，经济总量居全国第3位；港口、高速公路网、铁路网等交通运输固定资产投资居全国第2位。但是，山东省物流业效率可增长的空间在逐年缩小，建议山东省做好物流业发展的长期规划，支持物流业信息化、标准化和专业化建设。江苏、浙江和福建3省2008到2012年期间，前期物流利用率发展基本呈上升趋势，但存在发展波动，说明发展力度不够，持续性不强，随着投入和产出的不断均衡，2013年达到技术效率前沿，并且存在同比例提高物流效率的发展空间，建议在国家大力推进21世纪海上丝绸之路建设的政策下，江苏、浙江和福建3省进一步增加外贸进出口总额、消费能力和国内生产总值，从而带动物流效率的提高。广东省在2008至2013年期间的投入和产出变量基本都是全国最高水平，然而物流效率却未达到物流效率前沿，存在大量的无效投入，这与2008年金融危机后广东省在《物流业调整和振兴规划》政策的背景下，加大对物流行业的投入有一定关系，造成了投入冗余。然而整体物流效率发展趋势较好，物流效率逐年提高，2013年趋于均衡发展。海南省的物流业投入和产出变量总量在6省中最低，但呈增长趋势，2013年也接近物流效率前沿。

6.2 理论贡献

本研究的理论贡献在于：（1）过往研究选取物流效率投入和产出指标都基于各自的标准，较缺乏说服力。本研究在已有研究的基础上，采用因子分析法重新构建评价指标，克服选择上的主观性，从而更加公平、客观、科学地反映更全面的信息。（2）已有研究大部分采用传统的DEA模型对多个决策单元效率进行评价，但在出现多个决策单元相对有效的情况时，不能进一步区分排序。本文采用SE-DEA模型来代替传统的DEA模型，能够更加准确地测度物流业效率，从而对各决策单元进行充分排序。（3）为21世纪海上丝绸之路物流产业发展战略提供了理论依据，同时也可为其他区域物流的研究提供借鉴。

6.3 实践启示

全面推进"21世纪海上丝绸之路"建设是我国目前最重要的发展战略之一。提升物流业发展效率，从而提升物流业竞争力是21世纪海上丝绸之路各国间实现经济范畴设施联通、贸易畅通、资金融通三大方针的重要推动力。各省份应在中央统一领导下，从21世纪海上丝绸之路国际物流骨干通道的整体出发，对现有物流业重新梳理、整合资源、科学布局、合理分工，避免投入不足和产出冗余，从而形成整个区域高效率的物流网络。

参考文献

[1] Melendez O, Maria Fernanda. The logistics and transportation problems of Latin American integration efforts: The Andean Pact, a case of study [D]. The University of Tennessee, 2001, 246 pages, AAT 3010339.

[2] I MEIDUTE, AV VASILIAUSKAS. Analysis of factors impacting development of transport and logistics services [J]. Current Issues of Business And Law,2008（1）:154-160.

[3] 贺竹磬，孙林岩. 我国区域物流相对有效性分析[J].科研管理，2006,27（6）: 144-150.

[4] 袁丹，雷宏振. 丝绸之路经济带物流业效率及其影响因素[J].中国流通经济，2015（2）: 14-20.

[5] 王永赞. 物流业全要素能源效率地区差异实证研究[J].商业时代，2014（25）: 32-34.

[6] 吴旭晓. 经济大省物流业效率动态演化及其影响因素[J].中国流通经济，2015（3）: 24-31.

[7] 谭秀杰，周茂荣. 21世纪"海上丝绸之路"贸易潜力及其影响因素——基于随机前沿引力模型的实证研究[J]. 国际贸易问题，2015（2）: 3-12.

[8] 王勇，邓旭东.基于因子分析的农产品供应链绩效评价实证[J].中国流通经济.2015（3）: 10-16.

[9] Andersen P，Petersen A. A procedure for ranking efficient units in data envelopment analysis[J].Management Science，1993,39(10): 1261-1264.

[10]庄茜,李绍武.改进DEA在港口效率评价中的应用[J].天津城市建设学院学报,2008,14(2):102-105.

第三节 珠三角西岸区域物流业效率评价与发展策略

一、引言

物流业是支撑国民经济发展的基础性、战略性、先导性产业,物流高质量发展是经济高质量发展的重要组成部分,也是推动经济高质量发展不可或缺的重要力量。[1]2020年6月,国家发展改革委、交通运输部出台了《关于进一步降低物流成本的实施意见》,指出,近几年社会物流成本保持稳定下降,但部分领域的物流成本较高、效率较低等问题依然突出,尤其是受新冠肺炎疫情的影响,社会物流成本阶段性增长,难以满足现代经济系统建设、推进高质量发展等需要。可见,进一步减少物流成本,提高物流效率,对于推动经济社会高质量发展起着重要作用。

粤港澳大湾区在国家经济发展和对外开放中有重要的支撑和引领作用,包括了珠江西岸、珠江东岸和港澳地区。但是,目前粤港澳大湾区物流业发展不平衡,主要表现在珠江东西岸物流业发展水平差异较大,珠江东岸城市群物流业发达,而珠江西岸城市群的物流中心尚未真正形成,物流业发展比较迟缓。随着粤港澳大湾区的空间布局和基础设施建设,港珠澳大桥的开通,深茂铁路、深中通道等交通设施的建设,东岸优质资源加快向西流动,珠江西岸物流产业发展进入破局快速提升阶段,从而推动东西两岸协同发展和粤港澳大湾区的融合发展。然而,珠江西岸的物流业高速发展,不能以环境牺牲、浪费资源为代价,而是加强环保和治理,创新绿色低碳模式,促进粤港澳大湾区的物流业可持续发展。

因此,本研究关注如下问题:珠江西岸物流业的效率如何?影响珠江西岸物流业效率的外部因素有哪些?在粤港澳大湾区绿色低碳发展模式下，如何推进珠江西岸物流业可持续发展，这是珠江东西岸协同发展需要解决的重要问题，也对粤港澳大湾区融合发展和"一带一路"建设具有重要意义。

二、文献综述

在物流效率与影响因素研究方面，国内外学者分别进行了不同的研究。王琴梅等[2]通过对西安物流效率的研究发现地区的经济水平及其区位、经济发展的自由度等能对物流效率产生正向的促进作用。Eleonora Bottani等[3]认为食品工厂可以对包装、仓储、采购以及运输等进行集中管理以提高物流效率。Teodor Gabriel Crainic等[4]认为提高城市物流效率的关键是物联网和运输网的结合，认为两者的有效结合能提高物流效率。孙妙青[5]提出了影响广东物流效率的三个主要因素：物流基础设施和信息化水平、产业、宏观因素。Fei Tookey[6]认为新西兰建筑业物流效率低很大程度是由于缺乏管理水平以及专业技术水平不够。

在物流效率研究的模型选择上，较多学者基于DEA模型对物流效率进行测度。刘岩、田强[7]通过数据包络模型计算了中国31个省（区、市）的物流效率。此外，较多学者通过不同模型的结合使用来研究物流效率。张竞轶等[8]、张璇等[9]、王博等[10]、秦雯[11]等采用DEA与SFA结合分析的方法研究物流效率，也称三阶段DEA分析法；Tonanont Ake等[12]运用DEA与层次分析法结合、Jihong Chen等[13]采用DEA与主成分分析法结合对物流效率进行研究，且结果都表明多种方法结合分析能够有效评价物流效率。

在绿色低碳发展模式下的物流研究方面，大多数研究都是从绿色物流的内涵、影响因素及其发展路径进行理论分析，还有一部分学者对绿色物流的评价指标进行了研究。王长琼[14]提出，绿色物流的主体是专业的物流企业，目的是减少污染与资源消耗，是通过先进的技术规划完成的一系列物流活动。在实际发展过程中，观念的陈旧、滞后的制度与法规、落后的基础设施以及专业人才的不足都制约着绿色物流的发展。谢泗薪、王文峰[15]也从环保意识、法律法规、基础设施、人才以及逆向物流角度出发提出了绿色物流的发展路径。邰晓红、李洪萱[16]运用层次分析法分析了辽宁省的绿色物流发展，认为应增长型战略发展绿色物流。关于绿色物流的评价，郭毓东、徐亚纯等[17]基于AHP和熵值法从国家层面的政策和物流配套、环境友好以及发展的经济性等方面提出了一套评价绿色物流发展的指标。另外，赵丽君[18]运用模糊综合评价法、徐娟[19]运用主成分分析法对绿色物流发展水平进行了研究。

由此可见，国内外学者针对物流业效率的研究已经取得了较丰富的成果，但依然存在进一步研究的空间，主要包括以下几个方面：第一，珠江西岸是粤港澳大湾区发展的核心区域，但与珠江东岸相比，目前物流业效率相对偏低，导致粤港澳大湾区物流业发展极不均衡。随着港珠澳大桥通车、虎门二桥通车、深中通道建设，珠江西岸物流业的发展将迎来新的重大机遇，但是，目前针对珠江西岸物流效率评价的研究较缺乏。第二，绿色低碳发展已经上升为国家战略，《粤港澳大湾区发展规划纲要》中强调要加强环保和治理、创新绿色低碳模式，从而建设绿色发展的示范区。目前，基于绿色发展理念的物流效率的研究也相对缺乏。第三，研究方法方面，传统的DEA方法受环境因素变量的影响，实证研究结果和对策相对缺乏针对性。

因此，本研究基于国内外物流效率的研究成果，结合实地调查研究结果，根据珠江西岸物流业的特点构建投入产出指标体系，运用超效率三阶段DEA模型，选取2009—2018近10年的面板数据，对珠江西岸的物流效率进行实证研究，结合SFA模型排除环境因素，从而得到较真实的效率评价。最后，结合绿色发展理念，针对珠江西岸物流业发展提出发展策略。

三、研究方法与数据说明

3.1 超效率三阶段DEA模型

在超效率模型下可以通过对相对有效率的决策单元排序，来获取相对更加有效的决策单元。超效率三阶段DEA模型排除了外部影响，测度更为真实的效率水平，因而被广泛用于物流领域的效率研究。

通过模型可以得到三种效率，分别是综合技术效率（TE）、纯技术效率（PE）和规模效率（SE）。当DEA有效时，其含义是在产出不变的情况下，投入量不能再减少，即当前是投入产出规模的生产最优值。当DEA无效时，其含义是决策单元能够根据 θ^* 调整投入量使决策单元达到有效。$s^{*+} \neq 0$ 表明在相同的投入下产出不足；$s^{*-} \neq 0$ 则表明在相同的产出水平下投入过多。

第二阶段：以环境变量为解释变量，以各投入变量的松弛值为被解释变量进行SFA分析。对DMU投入变量进行调整，去除对效率评价时环境因素或随机因素的影响。

第三阶段：用第二阶段回归调整后得到的投入数据替代原始投入数据，重新用超效率DEA模型计算效率值，得到排除了环境和随机因素影响的物流效率。

3.2 投入产出指标、环境变量的选取及数据

投入产出指标的选取。通过总结现有文献研究物流产业效率的投入产出指标，结合珠江西岸城市目前物流产业的发展现状选取投入产出指标。投入指标如下：交通运输、仓储和邮政业固定资产投资总额，对物流的固定资产投资能够体现出经济带各个城市对物流产业发展的重视程度；交通网密度（单位面积的公共交通公里数），从珠江西岸城市的运输体系来看，公路交通运输是物流运输的主要方式，具有一定的代表性，因此用这两个指标来代表经济带各城市物流交通基础设施投入；交通运输、仓储和邮政业从业人员数，物流产业的发展壮大需要企业人员的支持，从业人员数量

体现了物流产业的生产运营活力和经营规模，能够代表物流企业的能力。产出指标如下：货运量，反映物流业生产成果；货物周转量，反映物流业产出指标的实用价值形态；交通运输、仓储和邮政业生产总值，以货币形式反映运输生产活动的最终成果。环境指标如下：地区生产总值；物流业固定资产投资占全社会固定资产投资的比例；信息传输、软件和信息技术服务业占全社会固定资产投资的比例；地区居民消费支出。具体见表1-12所示。

表1-12 珠江西岸物流业效率投入产出和环境指标

类别	指标	单位
投入指标	交通运输、仓储和邮政业固定资产投资总额	亿元
	交通网密度	公里/百平方公里
	交通运输、仓储和邮政业从业人员	万人
产出指标	货运量	亿吨
	货物周转量	亿吨
	交通运输、仓储和邮政业生产总值	亿元
环境指标	地区生产总值	亿元
	物流业固定资产投资占全社会固定资产投资的比例	%
	信息传输、软件和信息技术服务业占全社会固定资产投资的比例	%
	地区居民消费支出	亿元

3.3 数据来源与变量统计描述

本文数据来源于《广东统计年鉴》以及各个城市的统计年鉴及其统计公报，选取了2009—2018年珠江西岸城市的物流产业投入产出指标的数据。

四、珠江西岸物流效率分析

4.1 第一阶段，超效率DEA实证结果分析

珠江西岸整体物流效率分析，如表1-13所示，2009—2018年珠江西

岸整体的TE、PE和SE的平均值都小于1，且PE>SE>TE。从具体年份来看，2011年、2012年、2018年综合技术效率与纯技术效率的效率值都大于1，但是规模效率值均小于1，说明主要是规模效率不高造成了珠江西岸物流效率低下。从规模报酬来看，珠江西岸从2009年到2018年总体上规模效率有所提高，2018年的规模效率值为0.999，规模效率靠近有效前沿面。

表1-13　2009—2018年珠江西岸物流效率投入产出效率

年份	TE	PE	SE
2009	0.868	0.962	0.902
2010	0.860	0.948	0.908
2011	1.060	1.076	0.985
2012	1.030	1.057	0.975
2013	0.963	0.966	0.997
2014	0.953	0.966	0.986
2015	0.867	0.918	0.944
2016	0.934	0.948	0.985
2017	0.959	0.971	0.988
2018	1.083	1.083	0.999
平均值	0.958	0.989	0.967

　　珠江西岸各城市效率分析。如表1-14所示，从效率均值来看，珠江西岸除了佛山的纯技术效率均值达到了1，其他城市的三种物流效率均值都在随机前沿面以下。具体来看，从2009年到2018年珠海的三种效率都整体有所下降，规模效率值较小，也就是综合技术效率低，主要是由于规模效率低造成的。佛山2012、2013、2018年的综合技术效率与纯技术效率都大于1，但是规模效率除了2017年都小于1。中山的综合技术效率在2014年大于1，主要是由于纯技术效率高。中山的纯技术效率总体下降，而规模效率是上升的。江门的综合技术效率整体较小，但分析结果显示江门的纯技术效率和规模效率从2009年到2018年走势大体相同，两者几乎呈现

同步变化。但是分析肇庆市发现，虽然肇庆的综合技术效率的均值较低，但是除了2013年，肇庆的综合技术效率和规模效率呈现较稳定增长趋势，综合技术效率从2009年的0.29增长到了2018的0.84，规模效率从2009年的0.26增长到了2018的0.90。

表1-14　2009—2018年珠江西岸各市物流业投入产出效率

城市		2009	2010	2011	2012	2013	2014	2015	2016	2017	2018	均值
珠海	TE	0.64	0.54	0.46	0.32	0.35	0.36	0.32	0.43	0.30	0.35	0.41
	PE	1.08	0.96	0.94	0.82	0.82	0.82	0.80	0.84	0.79	0.75	0.86
	SE	0.59	0.56	0.49	0.39	0.43	0.44	0.40	0.51	0.38	0.46	0.46
佛山	TE	0.74	0.78	0.88	1.12	1.16	0.91	0.95	0.85	0.95	1.34	0.97
	PE	0.78	0.79	0.89	1.26	1.26	0.92	0.96	0.85	0.95	1.38	1.00
	SE	0.95	0.99	0.99	0.90	0.92	0.99	0.99	0.99	1.00	0.97	0.97
中山	TE	0.61	0.51	0.68	0.87	0.89	1.22	0.91	0.92	0.82	0.68	0.81
	PE	0.92	0.82	0.86	0.90	0.91	1.26	0.92	0.93	0.85	0.71	0.91
	SE	0.67	0.63	0.80	0.96	0.98	0.97	0.99	0.99	0.97	0.96	0.89
江门	TE	0.63	0.65	1.01	0.86	0.68	0.67	0.51	0.51	0.54	0.59	0.66
	PE	0.87	0.89	1.02	0.95	0.86	0.83	0.75	0.75	0.76	0.80	0.85
	SE	0.72	0.73	0.99	0.90	0.80	0.80	0.67	0.68	0.71	0.74	0.77
肇庆	TE	0.29	0.34	0.34	0.37	0.30	0.42	0.44	0.50	0.75	0.84	0.46
	PE	1.09	0.98	0.96	0.91	0.79	0.83	0.82	0.83	0.91	0.93	0.90
	SE	0.26	0.35	0.35	0.41	0.38	0.51	0.53	0.61	0.83	0.90	0.51

4.2 第二阶段，SFA回归结果分析

结合随机前言分析SFA的结果，从珠江西岸整体出发，分析政府支持、地区生产总值、科技水平、地区居民消费支出对与物流效率相关的物流业从业人员、物流业固定资产投资总额、交通网密度数量三个指标的冗余的影响，从而间接分析对物流综合效率的影响。SFA实证结果如表1-15所示。

（1）地区生产总值的影响。珠江西岸城市地区生产总值对物流业固定资产投资总额、从业人员数量投入松弛的系数均呈现为正值，且都通过了检验，说明珠江西岸整体地区生产总值的增加会导致物流产业固定资产投资以及物流业从业人员的资源浪费，从而造成物流效率的降低，但是回归系数都趋近0，说明珠江西岸地区由于生产总值的增加造成的物流产业相关的冗余并不是很大。

（2）政府支持的影响。政府支持对物流业固定资产投资投入松弛的回归系数均呈现为负值，说明珠江西岸交通运输、仓储等固定资产投资比例的增加不会造成其物流产业投入冗余的增加。从回归系数可以发现，通过政府的合理有效投资可以有效减少珠江西岸物流业固定资产投资的冗余。

（3）科技水平的影响。科技水平变量对物流业固定资产投资的系数为正，且通过了检验。珠江西岸信息的相关投入对物流业固定资产投资总额投入冗余的影响较大，说明珠江西岸信息服务的发展并未很好地与物流产业固有信息化基础设施结合利用，造成物流产业固定资产冗余问题严重，对物流效率的提高具有很大的负面影响。

（4）地区居民消费支出的影响。居民消费支出与物流从业人员数量以及物流业固定资产投资的松弛变量有反面影响，即珠江西岸居民消费支出的增加不会造成物流从业人员数量以及物流业固定资产投资的投入冗余。珠江西岸居民消费的增加虽然会带动物流业的需求的增加，刺激物流业的发展，但是对物流效率的提高影响并不是很大。

有关物流业固定资产和物流业从业人员回归方程的δ^2都通过了显著性检验，说明这两个环境变量对物流效率的影响较为显著，所以在测度珠江西岸物流效率时应该先剔除这两个环境因素和随机干扰因素的影响。交通密度松弛变量的回归方程没有通过显著性检验，其对物流效率的影响用最小二乘法回归分析即可。

表1-15 第二阶段 SFA 模型回归结果

项目	物流业固定资产投资总额松弛变量	物流业从业人员数量松弛变量	交通网密度松弛变量
常数项	47.98***	0.823	−0.167
	（1.08E+01）	（6.38E−01）	（1.13E−01）
地区生产总值	0.002***	0.001***	0.001**
	（4.02E−04）	（1.00E−03）	（1.00E−03）
政府支持	−439.549***	−2.096	−1.392***
	（4.06E+00）	（2.71E+00）	（4.72E−01）
科技水平	310.093***	26.115	4.328
	（2.40E+00）	（1.84E+01）	（2.87E+00）
地区居民消费支出	−0.002***	−0.001**	0.001**
	（5.65E−04）	（2.42E−05）	（4.22E−06）
δ^2	5249.617***	54.382***	0.058
	（1.03E+00）	（7.81E+00）	（2.23E+00）
γ	0.467***	0.960***	0.142
	（4.48E−02）	（7.32E−03）	（4.80E+00）
LR	75.402	189.005	179.521

注：***表示在1%的水平下显著，**表示在5%的水平下显著。

4.3 第三阶段，投入调整后的超效率DEA结果分析

（1）珠江西岸整体结果分析。珠江西岸整体的第三阶段与第一阶段的超效率DEA结果对比见表1-16所示。从2009—2018年的效率均值来看，调整前后的PE均值变化不大，历年误差在0.03以内，说明四个环境变量并没有对珠江西岸的PE产生明显的影响。分析TE和SE，两者的效率均值都下降，且效率值都小于1，TE从0.96下降到0.75，SE从0.97下降到0.76，两者都降低了0.21。总的来说，珠江西岸物流TE和SE均受当地地方生产总值、政府支持、科技水平以及居民消费等环境变量的影响，说明进行第二阶段SFA回归是有必要的，且结果表明SE低是造成珠江西岸物流PE低的主要原因，珠江西岸的物流效率还有很大上升空间。

表 1-16 2009—2018 年 投入变量调整前后对比

年份	第一阶段			第三阶段		
	TE	PE	SE	TE	PE	SE
2009	0.87	0.96	0.90	0.59	0.97	0.61
2010	0.86	0.95	0.91	0.60	0.96	0.62
2011	1.06	1.08	0.98	0.80	1.07	0.75
2012	1.03	1.06	0.98	0.82	1.03	0.80
2013	0.96	0.97	1.00	0.80	0.96	0.84
2014	0.95	0.97	0.99	0.81	0.97	0.84
2015	0.87	0.92	0.94	0.73	0.94	0.78
2016	0.93	0.95	0.99	0.78	0.96	0.81
2017	0.96	0.97	0.99	0.79	0.98	0.80
2018	1.08	1.08	1.00	0.81	1.07	0.76
平均值	0.96	0.99	0.97	0.75	0.99	0.76

（2）珠江西岸各城市调整后结果分析。分析珠江西岸各市调整前后的 DEA 效率值，发现情况与珠江西岸整体类似。如表 1-17 所示，就纯技术效率而言，五个城市调整后的效率均值均大于第一阶段的效率均值，但误差都在 0.1 之内，且佛山的纯技术效率为 1，达到 DEA 有效，其他城市的纯技术效率均值也接近有效前沿面。珠江西岸五个城市的技术综合效率和规模效率都呈现下降趋势。就综合技术效率均值而言，佛山、中山、江门的效率均值下降较大，均分别下降了 0.41、0.42、0.40，其次是肇庆下降 0.34，珠海则下降了 0.23。就规模效率均值而言，各市下降幅度均大于总技术效率下降幅度，江门下降最大，下降了 0.5，其次是中山 0.49，佛山 0.41，肇庆 0.39，珠海下降最少为 0.27。也就是说，环境变量对珠江西岸各城市的三种物流效率都产生了一定的影响，尤其是对规模效率影响较大，且经过调整后的珠江西岸各城市的物流综合技术效率都较低，说明物流效率有较大的上升空间。

表1-17　2009—2018年珠江西岸各市调整前后效率均值对比

城市	效率	第一阶段均值	第三阶段均值	差额
珠海	TE	0.41	0.18	−0.23
	PE	0.86	0.90	0.04
	SE	0.46	0.20	−0.27
佛山	TE	0.97	0.56	−0.41
	PE	1.00	1.00	0.00
	SE	0.97	0.56	−0.41
中山	TE	0.81	0.39	−0.42
	PE	0.91	0.96	0.05
	SE	0.89	0.41	−0.49
江门	TE	0.66	0.26	−0.40
	PE	0.85	0.94	0.10
	SE	0.77	0.28	−0.50
肇庆	TE	0.46	0.12	−0.34
	PE	0.90	0.99	0.08
	SE	0.51	0.12	−0.39

五、结论与讨论

根据以上分析，基于绿色低碳发展模式，提出珠江西岸物流业发展的五点建议：

（1）区域合作发展，共建绿色交通运输网络。珠江西岸区域内物流交通基础设施的建设水平参差不齐，区域内物流发展不平衡，各城市应结合自己的实际情况，因地制宜地制定发展绿色物流的对策。例如，佛山应加强物流运输的合理规划，充分利用已有基础，不断提高其物流的规模效率。江门和肇庆应相对增加高效率基础设施的建设，从技术与规模上双向发展绿色物流。此外，珠江西岸城市的运输方式也相对集中在铁路与水路运输，随着东西岸交通基础设施的互联互通，应充分利用东岸已有资源，充分利用港珠澳大桥做香港的腹地，同时逐步发展自己的绿色物流系统。

总之，珠江西岸城市应从内部和外部两个方向共同合作，发展高效的绿色物流运输交通网络，逐步建设海陆空综合协调的立体绿色物流运输网络，提高物流的规模效率。

（2）发展以市场为主政府为辅的绿色物流。研究发现，珠江西岸政府支持能够有效提高物流效率。这主要是指在物流业发展前期，需要政府加大一些物流基础设施的投入，尤其是物流信息网络基础设施的有效投入。但是从绿色物流的可持续发展来说，市场还是绿色物流发展的主体。市场是追求高效益发展的，可以保证物流效率，但是需要相关政府部门监督与鼓励其物流的绿色发展，政府可从采取罚款与补贴或者奖金相结合的方式，从各方面鼓励企业发展绿色物流，并积极培育第三方第四方物流企业。

（3）借助科技发展助力绿色物流发展。实证表明，珠江西岸科技水平发展能够有效影响物流效率，尤其是以信息技术为代表的科技发展。珠江西岸应充分利用"互联网＋"的发展，将物流产业与信息网络有效结合，加快物流信息的传递，减少中间不必要的过程，从而提高物流效率。不同的城市发展的侧重点也应该有所不同，物流基础相对较弱的城市，应着重发展业务的专业化技术水平，而物流基础相对较好的城市则应侧重发展现代物流与当代科技结合的高效绿色物流。

（4）合理规划物流资源，实现物流资源的绿色化发展。绿色物流的发展离不开资源的高效配置与使用。目前，珠江西岸物流效率不高主要是由于规模效率不高导致的。随着单位GDP能耗的增加，物流效率实际上是在降低的，说明珠江西岸正在朝绿色物流不断发展。珠江西岸应该合理配置公路、水运、铁路和航空物流资源，将物流资源在负担过重和发展不足的运输点之间进行合理配置，不断提高各部分的规模效率，致力于物尽其用，提高绿色物流发展水平。

（5）多维度发展绿色物流。现代物流业已渗透到各行各业，其功能也不再单一化，尤其是珠江西岸是制造业发达的地区，其绿色物流的发展角度也呈现多样化。经过实证研究也发现，珠江西岸物流效率的提高与环境保护息息相关，这是因为现代物流包含包装、运输、仓储等多种功能，涉及生产者等多个主体。珠江西岸目前处于资源消耗型的物流发展状态，未来其绿色物流发展可以从物流产品的绿色包装、专业化装卸设备、商品的高效配送以及专业化物流人才的培养等方面逐渐提高绿色物流的发展水平。

参考文献

[1]楚峰.赋能物流智能化转型,斑马技术"行胜于言"[J].运输经理世界,2019(1):84-87.

[2]王琴梅,谭翠娥.对西安市物流效率及其影响因素的实证研究——基于DEA模型和Tobit回归模型的分析[J].软科学,2013,27(5):70-74.

[3]Eleonora Bottani,Antonio Rizzi,Giuseppe Vignali. Improving logistics efficiency of industrial districts: a framework and case study in the food sector[J]. International Journal of Logistics Research and Applications,2015,18(5).

[4]Teodor Gabriel Crainic,Benoit Montreuil. Physical Internet Enabled Hyperconnected City Logistics[J]. Transportation Research Procedia,2016,12.

[5]孙妙青.广东省物流效率影响因素分析与效率提升对策建议[J].智库时代,2018(49):120+125.

[6]Fei Ying,John Tookey,Johannes Roberti. Addressing effective construction logistics through the lens of vehicle movements[J]. Engineering, Construction and Architectural Management,2014,21(3).

[7]刘岩,田强.我国物流业效率评价及其影响因素分析[J].商业经济研究,2019(13):75-78.

[8]张竞轶,张竞成.基于三阶段DEA模型的我国物流效率综合研究[J].管

理世界,2016(8):178-179.

[9]张璇,杨雪荣,王峰.新丝绸之路经济带物流效率评价——基于三阶段
DEA实证分析[J].学习与实践,2016(5):21-32.

[10]王博,祝宏辉,刘林.我国"一带一路"沿线区域物流效率综合评
价——基于三阶段DEA模型[J].华东经济管理,2019,33(5):76-82.

[11]秦雯.粤港澳大湾区物流业效率的时空演化及提升路径[J].中国流通
经济,2020,34(9):31-40.

[12]Tonanont, Ake,Yimsiri, Sanya,Jitpitaklert, Weerawat,Rogers, K J.
Performance Evaluation in Reverse Logistics with Data Envelopment
Analysis[J]. IIE Annual Conference. Proceedings,2008.

[13]Jihong Chen,Zheng Wan,Fangwei Zhang,Nam-kyu Park,Xinhua
He,Weiyong Yin,Sergio Preidikman. Operational Efficiency Evaluation
of Iron Ore Logistics at the Ports of Bohai Bay in China: Based on the
PCA-DEA Model[J]. Mathematical Problems in Engineering,2016,2016.

[14]王长琼.绿色物流的产生背景及发展对策初探[J].物流技术, 2002(6):
39-40.

[15]谢泗薪,王文峰.绿色物流路径:物流绿色化改造的战略选择[J].中国
流通经济,2010,24(5):15-18.

[16]邰晓红,李洪萱.基于层次分析法的辽宁省绿色物流SWOT分析[J].科
技管理研究,2016,36(1):252-256.

[17]郭毓东,徐亚纯,郝祖涛.基于AHP和熵值法的绿色物流发展指
标权重研究——以长株潭两型社会城市群为例[J].科技管理研
究,2013,33(18):57-62.

[18]赵丽君.基于模糊综合评判法的绿色物流评价研究[J].武汉理工大学
学报,2008(6):174-177.

[19]徐娟.基于主成分分析——熵值法的绿色发展视角下城市物流绩效指
标体系构建与评价研究[J].物流科技,2020,43(7):34-39.

第二章　省域物流业发展

第一节　广东省物流业效率评价与发展策略

一、引言

2019年3月，国家发展改革委联合中央网信办、工业和信息化部、公安部、财政部、自然资源部等24个部门和有关单位印发了《关于推动物流高质量发展促进形成强大国内市场的意见》，指出我国物流业的发展是支撑和推动国民经济发展的基础性、战略性、先导性产业，物流高质量可持续发展是国民经济和社会高质量可持续发展的重要组成部分，也是物流产业推动国民经济和社会高质量快速发展不可或缺的重要推动力量，巩固了物流服务企业降本增效的成果，增强了物流服务企业的活力，提升了物流行业效率和水平，畅通了物流全链条的运行。[1]在此背景下，物流业如何降本增效，成为政府部门和学者们关注的重点问题。广东省是我国地级市最多的省，共21个地级市，分为珠三角、东翼、西翼、山区四个区域，其中珠三角包括珠江沿岸的广州、深圳、佛山、珠海、东莞、中山、惠州、江门、肇庆9个城市；东翼位于广东省东部沿海，是广东省的东大门，包括汕头、潮州、揭阳、汕尾4个城市；西翼包括湛江、茂名、阳江3个城市；山区包括韶关、梅州、清远、河源和云浮5个城市。各地市经济发展水平差距较大，物流业发展不平衡不充分的问题显著。因此，本文通过实证研究，分析广东省21个地市的物流业效率以及影响因素，并提出解决问题的路径，这不但对广东省物流效率提质增效，从而推动物流业转型升级、结构优化具有十分重要的现实意义，同时，也对增强经济发展内生动力、深化供给侧结构性改革、加快推动提升社会经济运行效率和区域经济综合竞争力具有重要意义。

二、文献综述

从我国物流效率的研究来看，刘岩等（2019）采用DEA-BCC模型对2016年我国31个省份的物流效率进行实证分析，认为广东省地区生产总值和物流增加值均居全国第一，区域经济发展水平与区域物流需求存在强相关性，区位优势影响物流业的纯技术效率，经济总量影响物流业的规模效率。[2]刘明等（2019）采用Windows-DEA模型对2007—2017年我国277个地市级城市的效率和相邻城市物流效率进行实证分析，认为区域间物流业总体相互促进，但产业增加值和物流业效率不是呈正相关，从业人员的增长不会提升物流效率，还会抑制物流效率，基础设施建设对物流效率起负向作用，金融发展对物流发展有正向作用。[3]李勇辉等（2020）采用DEA和SFA模型，对2018年我国32个城市进行实证研究，认为我国区域物流水平差异明显，经济因素是影响物流绩效与竞争力的重要因素。[4]聚焦广东省区域效率的研究来看，肖斌等（2018）采用DEA模型对2010—2015年广东省的物流效率进行总体评价，认为广东整体效率不高，珠三角效率水平比较高，东翼及山区效率较低。[5]秦雯（2018）采用SE-DEA和Tobit模型对2007—2016珠海港口物流效率进行分析，认为珠海港口物流业综合效率较高，物流业资源利用率和外贸水平是影响珠海港口物流业效率的显著因素。[6]肖建辉（2020）认为粤港澳大湾区和广东省物流业存在技术创新不足、第三产业欠发达、物流产业组织集聚度不高、物流领域新技术应用不足、劳动力成本上涨等问题，提出创建粤港澳大湾区创新生态系统、加速第三产业发展、加快物流产业集聚、培养具有世界领先水平的全球性物流龙头企业、加快物流领域先进技术的推广应用、提升粤港澳大湾区物流一体化水平等对策。[7]另外，王俊等（2019）[8]、王博（2019）[9]等采用DEA相关模型，对区域物流效率进行评价并分析原因。

综上所述，广东省物流效率相关研究已经取得了丰硕的成果，但仍存在进一步研究的空间：第一，广东省是我国地级市最多的省，共21个地级市，既包含了经济发达的珠三角城市，广州、深圳等国际性综合交通枢纽城市，也包含了经济较落后的韶关、梅州、清远、河源和云浮等地级市，各区域物流业发展差距大，已有研究较多地针对广东省整体和各区域的分析，较少深入剖析广东省21个地市的物流效率，并进行差异分析研究；第二，从研究方法来看，传统DEA模型没有剔除环境因素，测算结果和提出的策略缺乏针对性。因此，本文综合已有的研究成果，结合广东省21个地市的特点构建投入产出指标体系，采用三阶段超效率DEA模型，选取广东省2009—2018近十年的面板数据，运用SFA模型剔除环境因素，从而更加真实地、有针对性地测算各地市的物流效率并提出发展对策。

三、研究方法与数据来源

3.1 采用三阶段超效率DEA模型

为了更加真实、科学地测算广东省物流效率，本文选取三阶段超效率DEA模型，并从时间和空间两个维度进行分析。第一阶段，采用超效率DEA模型，对广东省各地市及不同区域效率进行评价；第二阶段，构建SFA回归方程，针对第一阶段测算的结果，剔除环境因素对效率的影响。并分析影响因素；第三阶段采用第二阶段调整后的投入值代替原始投入值，再次采用超效率DEA模型，测算综合效率、纯技术效率和规模效率，从而得到剔除环境因素后较真实的效率评价。

3.2 投入产出指标、环境变量的选取及数据来源

遵循代表性、可取性、针对性等原则，经过文献研究、团队座谈和深度访谈的调研结果，选取物流业固定资产投资总额、交通网密度、从业人员数量作为投入指标；选取货运量、货物周转量、交通运输、仓储和邮政

业生产总值作为产出指标；选取地区生产总值、政府支持、外贸水平、外商投资、科技水平为环境变量。研究数据来源于《中国统计年鉴》《广东统计年鉴》以及各地市的统计年鉴中2009—2018年广东省21个地市的面板数据。

表 2-1 投入产出指标和环境变量

指标类型	指标名称
投入指标	交通运输、仓储和邮政业固定资产投资总额（亿元）
	交通网密度（单位面积的公共交通公里数）
	交通运输、仓储和邮政业从业人员（万人）
产出指标	货运量（亿吨）
	货物周转量（亿吨公里）
	交通运输、仓储和邮政业生产总值（亿元）
环境变量	地区生产总值（亿元）
	政府支持（交通运输、仓储、邮政业固定资产投资占全社会固定资产投资的比例）
	外贸水平（亿美元）
	外商投资（亿美元）
	科技水平（信息传输、软件和信息技术服务业占全社会固定资产投资的比例）

3.3 研究结果及分析

（1）第一阶段，超效率DEA实证结果分析

本文采用DEAP2.1软件，在没有剔除环境因素和随机误差的情况下，对2009—2018年广东省21个地级市和不同区域的物流效率从时间和空间两个维度进行评价。

表 2-2 2009—2018年广东省各地市投入产出综合效率测算结果

城市	2009	2010	2011	2012	2013	2014	2015	2016	2017	2018	综合效率
全省	0.747	0.793	0.925	1.057	1.005	1.012	0.925	1.008	0.996	1.07	0.954
广州	0.846	0.829	0.96	0.988	0.949	0.933	1.053	0.978	1.073	1.043	0.965
深圳	0.464	0.552	0.683	1.007	0.646	0.965	0.723	0.754	0.768	0.89	0.745
珠海	0.638	0.541	0.46	0.317	0.35	0.362	0.315	0.426	0.298	0.349	0.405
汕头	0.413	0.405	0.584	0.512	0.607	0.464	0.527	0.526	0.405	0.416	0.486

城市	2009	2010	2011	2012	2013	2014	2015	2016	2017	2018	综合效率
佛山	0.743	0.782	0.884	1.125	1.157	0.906	0.947	0.845	0.95	1.343	0.968
韶关	0.347	0.405	0.473	0.559	0.913	0.869	0.964	0.97	0.925	1.108	0.753
河源	0.353	0.289	0.835	0.559	0.367	0.374	0.296	0.424	0.33	0.366	0.419
梅州	0.431	0.417	0.556	0.585	0.559	0.477	0.423	0.405	0.443	0.47	0.477
惠州	0.428	0.52	0.61	0.751	0.697	0.725	0.633	0.922	0.808	0.804	0.690
汕尾	0.15	0.202	0.284	0.321	0.372	0.336	0.305	0.434	1.162	0.844	0.441
东莞	0.655	0.705	0.716	0.881	0.499	0.616	0.693	0.748	0.957	0.88	0.735
中山	0.612	0.513	0.681	0.87	0.888	1.222	0.909	0.916	0.824	0.683	0.812
江门	0.628	0.65	1.011	0.858	0.683	0.67	0.506	0.508	0.538	0.588	0.664
阳江	0.22	0.208	0.673	0.716	1.032	0.921	0.776	0.8	0.925	1.188	0.746
湛江	0.643	0.65	0.889	1.143	0.765	0.786	0.528	0.567	0.645	0.702	0.732
茂名	0.959	0.938	1.011	0.84	0.704	0.538	0.502	0.506	0.481	0.535	0.702
肇庆	0.285	0.341	0.337	0.373	0.299	0.42	0.437	0.504	0.748	0.841	0.458
清远	0.4	0.524	0.639	0.8	0.622	0.934	0.951	0.997	1.164	0.97	0.800
潮州	0.407	0.509	0.954	0.985	0.824	0.766	0.687	0.743	0.914	1.265	0.806
揭阳	0.151	0.183	0.221	0.287	0.237	0.231	0.25	0.377	0.405	0.357	0.270
云浮	0.244	0.354	0.397	0.465	0.426	0.389	0.464	0.536	0.861	0.817	0.495

表2-3　2009—2018年广东省各区域投入产出效率表

区域		2009	2010	2011	2012	2013	2014	2015	2016	2017	2018	平均
珠三角	TE	0.772	0.699	0.929	1.030	0.934	0.977	0.921	0.998	0.995	1.052	0.931
	PE	0.840	0.787	0.954	1.032	0.951	0.979	0.925	1.002	0.995	1.055	0.952
	SE	0.919	0.888	0.974	0.998	0.983	0.998	0.996	0.996	0.999	0.998	0.975
东翼	TE	0.257	0.282	0.433	0.489	0.464	0.432	0.408	0.491	0.576	0.622	0.446
	PE	0.575	0.382	0.626	0.640	0.586	0.580	0.577	0.612	0.649	0.672	0.590
	SE	0.447	0.739	0.691	0.763	0.792	0.745	0.708	0.802	0.889	0.926	0.750
西翼	TE	0.640	0.603	0.983	1.030	0.849	0.815	0.685	0.725	0.810	0.916	0.806
	PE	0.737	0.772	0.993	1.038	0.872	0.818	0.694	0.728	0.817	0.950	0.842
	SE	0.869	0.781	0.989	0.992	0.974	0.997	0.987	0.996	0.992	0.965	0.954

续　表

区域		2009	2010	2011	2012	2013	2014	2015	2016	2017	2018	平均
山区	TE	0.497	0.579	0.688	0.826	0.891	0.911	0.883	1.027	0.956	1.069	0.833
	PE	0.818	1.122	0.884	0.933	0.940	0.944	0.930	1.039	0.973	1.247	0.983
	SE	0.607	0.516	0.778	0.886	0.948	0.965	0.949	0.988	0.983	0.857	0.848

从空间方面来看，物流核心区域明确。广东省整体的物流效率较高，综合技术效率的平均值为0.954，纯技术效率的平均值为0.968，规模效率的平均值为0.983。但是，各市物流效率的平均值较低，综合技术效率的平均值为0.646，纯技术效率的平均值为0.882，规模效率的平均值为0.731，这说明广东全省各地市物流效率发展不均衡，存在较明显的差距。其中，广州和佛山的综合效率最高，分别为0.965和0.968，揭阳的综合效率最低为0.270，其余地区有较大的提升空间。

从不同区域的综合效率来看，珠三角地区具有显著的领先优势，综合效率为0.931，西翼地区和山区地区处于第二梯队，分别为0.806和0.833，东翼地区较弱，综合效率为0.446。针对以上结果，进一步分析纯技术效率和规模效率，纯技术效率视角下，珠三角地区和山区地区较高，分别为0.952和0.983，东翼存在较大差距，纯技术效率为0.590；规模效率视角下，珠三角地区和西翼地区较高，分别为0.975和0.954，东翼地区和山区地区处于较低水平，分别为0.750和0.848。可见，珠三角地区在广东省物流产业发展中发挥着重要作用，这与当前珠三角在广东省物流核心枢纽的发展实际相符。西翼地区作为广东省最大的农业生产地区，近年来随着渔业和水果的快速外销，形成了当地独特的冷鲜物流模式，综合技术效率逐年提高，物流发展已经形成稳定高效的模式。山区地区作为广东省经济发展的落后地区，近年来加快发展区域生态农业及山区特色服务业，营造了良好的投资环境，加快民营企业发展和产业转移；随着产业转移增多，地区物流配套发展显著。东翼地区作为广东省重要的侨乡，近年来努力发展对外贸易，有了一定的发展特色，但由于交通、语言等环境因素影响，东翼地区外来流动人口始终较少，当地的区域经济和物流产业发展均受影响，整体物流水平不高。

从时间方面来看，受宏观经济环境影响显著。近10年，广东省和各地区综合技术效率、纯技术效率和规模效率均呈整体阶梯上升趋势，但也存在不同程度的波动。其中，东翼、西翼、山区效率提升较显著，广州、深圳、佛山、韶关、汕尾、阳江、肇庆、清远、潮州的上升趋势显著。

（2）第二阶段，SFA 回归结果分析

为了使物流效率的评价更加有针对性和真实性，本文构建的SFA回归方程剔除了外部环境因素影响，采用Frontier4.1软件，回归方程的因变量是第一阶段计算得出的固定资产投资额、物流从业人员数量、交通网密度；自变量是四个环境变量，包括地区生产总值、政府支持、科技水平和地区居民消费支出。

表2-4 第二阶段 SFA 模型回归结果

环境变量 投入变量	物流业固定资产投资 总额松弛变量	物流业从业人员 数量松弛变量	交通网密度 松弛变量
常数项	47.98*** （10.777）	0.823 （0.638）	−0.167 （0.113）
地区生产总值	0.002*** （0.001）	0.001*** （0.000）	0.001** （0.001）
政府支持	−439.549*** （4.065）	−2.096 （2.706）	−1.392*** （0.472）
科技水平	310.093*** （2.398）	26.115 （18.362）	4.328 （2.866）
地区居民消费支出	−0.002*** （0.001）	−0.001** （0.000）	0.001** （0.000）
δ^2	5249.617*** （1.027）	54.382*** （7.812）	0.058 （2.229）
γ	0.467*** （0.045）	0.96*** （0.007）	0.142 （4.803）
LR	75.402	189.005	179.521

注：***、**、*为在1%、5%和10%的水平上显著；括号内为标准差，数值均保留3位小数。

回归结果显示，环境变量通过了不同程度的显著性检验，物流业固定资产投资总额和从业人员数量的 γ 值较大，且在1%的水平上显著，说明环境因素对这两个变量的影响显著；交通网密度松弛变量的 γ 值较小，并不显著，所以影响不显著。因此，物流业固定资产投资总额和从业人员数量这两个变量需要调整。

地区生产总值与投入变量的回归系数均为正值且显著，说明随着地区经济发展，地区物流基础设施投资、交通网建设也会大幅增加，从而又促进了经济的发展，经济发展也会吸引更多的物流业从业人员，但过多投入会产生冗余，降低物流效率。首先，长期来看，劳动力投入将逐步放缓，数量将逐渐和较高的经济水平相适应；其次，政府支持与三个投入变量的回归系数为负值，说明随着政府支持增加，物流业投入将减少，其中政府支持与物流业固定资产投资总额在1%的水平上显著，说明一方面广东省及各地市政府部门的经济治理能力较强，能够精准对接区域经济发展需求，提供政策、资金等支持，另一方面说明高质量发展还需要政府积极参与，区域市场的自发发展还存在出现严重市场失灵的可能性；再次，科技水平与三个投入变量的回归系数为正值，与物流业固定资产投资在1%水平显著，说明随着科技投入增加，会促进物流基础投资增加；随着粤港澳大湾区建设和供给侧结构性改革，广东省物流固定资产投入将进一步协调配置，短期的投入冗余逐渐有效利用。最后，地区居民消费支出与物流业固定资产投资总额和物流业从业人员数量的回归系数为负值，且在1%水平显著，说明随着居民消费支出的增加，物流业投入将减少，但影响有限。居民消费支出会直接影响当地物流的发展，大量的消费购物会增加物流的活跃性，同时，良好的物流基础设施和高效的物流从业人员又可以促进消费。

（3）第三阶段，投入调整后的超效率DEA实证结果分析

经过第二阶段的调整，将调整后的数据再次进行超效率DEA测算，将第三阶段的测算结果与第一阶段进行比较，若调整后的物流效率数值增

加，说明环境因素的影响有负面作用；若调整后的效率减少，说明环境因素的影响有正面作用。

第三阶段和第一阶段的结果对比显示，在空间方面，广东省各地市的综合技术效率值均有不同程度的下降，说明环境因素对规模效率和综合技术效率具有显著的正面作用，其中，潮州、阳江、清远、茂名四个城市下降幅度最大，说明环境因素对物流效率的影响较显著。从不同区域比较来看，珠三角地区本身的物流效率保持较高水平，调整前后分别为0.954和0.931，综合技术效率有小幅度降低，说明外部环境因素对物流效率提升有较积极地作用；东翼、西翼和山区等综合技术效率下降幅度较大，其中，纯技术效率普遍较高，而规模效率降幅较大，说明除去环境因素后，能够反映出物流业的内部管理技术水平真实水平较高，但是规模效率成为制约物流业效率提升的主要因素。由此可见，该区域外部环境优越，区位优势显著，政府政策支持和科技水平方面相对领先，积极的外部环境对物流业产出增加具有显著的促进作用，如果不考虑剔除外部环境因素的影响，则会高估物流业的效率水平。在时间方面，剔除环境因素后，2009—2018年广东省各地市和区域的综合技术效率、纯技术效率和规模效率呈整体上升趋势，但也表现出了不同程度的波动性。

四、结论与建议

本文构建了广东省21地市物流效率投入指标、产出指标和环境因素的指标体系，运用三阶段DEA模型对2009—2018年广东省各地市物流业效率进行测算，对比剔除环境因素前后的测算值，分析结果显示：第一，空间方面，广东省整体物流效率较高，但各地市发展不均衡，差异较明显，其中，广州和佛山的综合效率最高，揭阳的综合效率最低，从各区域来看，珠三角优势显著，其次是西翼地区和山区，东翼地区较弱。第二，时间方面，广东省各季度的综合效率和规模效率整体上升，但存在不同程度的波动，其中，东翼、西翼、山区提升显著，广州、深圳、佛山、韶关、汕尾、阳江、肇庆、清远、潮州的上升趋势显著。第三，环境因素方面，地区生产总值促进物流基础设施投资、交通网建设的发展，从而吸引从业人员；政府支持增加，物流业投入将减少；科技投入增加，会促进物流基础投资增加，且影响显著；居民消费支出会直接影响当地物流的发展。第四，研究方法方面，本文运用的三阶段超效率DEA模型，构建了SFA回归方程，通过第一阶段和第三阶段的测算结果对比，综合技术效率、纯技术效率和规模效率的测算结果都有较明显的变化，可见环境因素对物流业的真实评价产生影响，因此剔除外部环境等因素是很有必要的，使得效率评价更加科学、客观和合理。

　　基于以上研究结果，提出以下建议：第一，物流效率高的区域和地市，随着粤港澳大湾区的建设，珠三角地区、广州、深圳等核心区域，作为广东省21地市物流网络的关键节点，进一步发挥物流效率的优势，加强物流基础设施投入，推动广东省物流枢纽网络建设，引领和带动其他地区共同发展；第二，物流效率偏低的东翼、揭阳、汕尾等地区，发挥区域经济优势和特点，积极寻求和发达地区合作，逐渐缩小物流效率的差距；第三，加大科技投入，尤其是区块链、5G技术在物流业的应用和发展，打破政府部门和企业间的信息孤岛，从而构建广东省物流资源共享信息平台，大幅提高技术效率，降低成本。

参考文献

[1] 闻璋. 提升高质量物流服务实体经济能力 [J]. 中国招标，2019（17）.

[2] 刘岩，田强. 我国物流业效率评价及其影响因素分析 [J]. 商业经济研究，2019（13）.

[3] 刘明，杨路明. 区域物流的产业效率、空间互动与协调发展——基于全国277个地市级城市的数据实证 [J]. 中国流通经济,2019（8）.

[4] 李勇辉，白利鹏，王莉. 中国城市物流绩效评价与竞争力实证研究 [J/

OL].河南社会科学，2020（3）.

[5] 肖斌，程晓静.广东省物流业区域效率差异与影响因素分析[J].商业经济研究，2018（2）.

[6] 秦雯.供给侧改革下珠海港口物流效率及影响因素研究[J].商业经济研究，2018（22）.

[7] 肖建辉.粤港澳大湾区物流业高质量发展的路径[J].中国流通经济，2020（3）.

[8] 王俊，孙睿.京津冀都市圈区域物流对区域经济发展的影响[J].商业经济研究，2019（24）.

[9] 王博，祝宏辉，刘林.我国"一带一路"沿线区域物流效率综合评价——基于三阶段DEA模型[J].华东经济管理，2019，33（5）.

第二节　广东省跨境物流与电商业协同发展

一、研究意义

2018年11月，国务院总理李克强主持召开国务院常务会议，决定延续和完善跨境电子商务零售进口政策并扩大适用范围，扩大开放，更大激发消费潜力；部署推进物流枢纽布局建设，促进提高国民经济运行质量和效率。2018年7月，国务院在杭州、广州市、深圳市等13个城市的基础上，同意在珠海市、东莞市等22个城市设立跨境电子商务综合试验区。我国电子商务研究中心监测数据显示：截至2017年，我国跨境电子商务交易规模已经突破8万亿元，预计2020年，我国跨境电商在进出口贸易总额中的渗透率将达到20%，由此可见，我国跨境电子商务迅速发展、前景广阔。

广东省统计局数据显示，2017年广东跨境电子商务进出口441.9亿元，同比增长93.8%，2018年上半年与去年相比增长100%，规模居全国首位。同时，国务院同意在广东省深圳市、广州市、珠海市和东莞市4个城市设立跨境电子商务综合试验区，数量居全国第一。但是，目前广东省跨境电商与跨境物流发展明显缺乏协同性，广东省跨境电商快速发展，对跨境物流的时效性和成本的要求提高了，跨境物流发展相对滞后制约着跨境电商的发展。同时，跨境电商发展处于初级阶段，整体水平偏低，也制约着跨境物流的发展与运作水平。显然，广东省处于跨境电商发展的关键时期，如何提高跨境电商与跨境物流协同度，促使两者共同良性发展，避免两者相互制约，是政府、企业和学者关注的重点。

因此，通过构建广东省跨境电商和跨境物流协同发展的指标体系，根据2013—2018年广东省跨境电商和跨境物流的面板数据开展实证研究，分析影响广东省跨境电商和跨境物流协同发展的影响因素，从而提出广东省跨境电商和跨境物流协同发展的有效路径。对于广东外贸企业抓住跨境电商发展的政策红利、传统贸易转型升级、促进全球经济一体化具有重要的现实意义，对政府制定推动广东省乃至粤港澳大湾区跨境电商和跨境物流共同良性发展的政策提供理论支持和决策依据。

二、研究方法和技术路线

2.1 研究方法

（1）文献研究法。对本课题相关的国内外文献查阅分析，掌握跨境电商和跨境物流协同发展的基础理论，了解国内外最新研究进展和发现，学习最新的研究方法，为本课题的实证研究奠定坚实的理论基础。

（2）调查法。采用互联网问卷、纸质问卷、实地走访、专家访谈等方式，在文献研究的基础上，结合广东省经济发展特性，构建跨境电商和跨境物流协同发展的评价指标体系，再通过调查问题，对指标体系和影响因素进行深入调研。

（3）统计分析法。构建了跨境电商与跨境物流协同度模型。计算出以灰色关联分析法筛选出来的序参量指标对广东省跨境电商和跨境物流子系统的贡献度，随后对各指标以CRITIC法赋权，进而求得跨境电商和跨境物流子系统的有序度。依据筛选得到的序参量指标和赋予的权重，构建跨境电商和跨境物流两个子系统的协同度方程，对复合系统的协同度进行测算评价；

（4）分析综合、归纳演绎。根据收集到的调研结果、相关文献和信息进行分析综合，归纳演绎，提出广东省跨境电商和跨境物流协同发展的思路和对策。

2.2 技术路线

首先在文献研究基础上，对跨境电商和跨境物流协同发展进行案例分析和总结，综合国内外研究现状，归纳广东省跨境电商和跨境物流协同发展的评价。在此基础上，通过文献研究、实地调研、定量定性分析相结合等方法，构建科学合理的跨境电商和跨境物流协同发展的评价指标体系，并对广东省各地市跨境物流和跨境电商协同发展的效率进行评价分析，找出跨境电商与跨境物流协同发展的作用机理及互动关系。最后从政府、企业、市场等维度给出广东省跨境电商和跨境物流协同发展的对策措施。

三、文献综述

3.1 跨境电商的相关研究

近年来，跨境电子商务在我国取得了长足发展，对该领域的学术研究热度和数量也相应地增加。然而，核心期刊发表的文献占比并不够大，研究的深度也略有不足。现有的研究成果大多集中于应用研究，对于理论归纳和总结的相关文献数量较少。跨境物流、支付方式和支付平台、品牌意识与发展以及政府颁发的优惠政策等一系列因素都能对跨境电子商务产生巨大影响，对诸多因素都需要更多学者在以往的研究基础上追求更广更深入的研究与创新。利用结构方程模型研究方法，王琳和杨建正（2014）的研究对象集中在跨境电子商务中的各个环节，如营销、支付、海关，其研究指出，在影响跨境电子商务的诸多因素中，主要因素包括跨境营销能力、跨境物流的发展水平以及跨境交易中的活动规则。通过问卷发放与统计分析，袁贵（2016）分析了影响顾客体验的主要因素，他认为消费者的年龄、职业和所在的国家对消费者们对跨境电商喜好程度和体验感有显著影响。针对跨境电商交易模型和交易平台的发展需求，庄小兰（2018）提出了应注重跨境电商人才核心技能的需求缺口，首先应该加强跨境电商企业的市场定位，从而吸纳和培养个性化电商人才。王庆南和刘芳芳（2014）对现有的研究文献进行了综合性的研究，认为现有文献主要集中于两个方面，分别是跨境电子商务的定义和模型、跨境电子商务所遇到的困境与解决对策。李新华（2016）的研究将目光致于中小企业上，集中从国内和国外这两个方面分析和归纳了有关中外的跨境电子商务中小企业的相关研究成果。孟祥明和王俊（2019）的研究对象是跨境电子商务自由贸易区，集中分析了跨境电子商务自由贸易区的发展过程中存在的问题。

3.2 跨境物流的相关研究

跨境物流是当前学术界存在较大热度的议题，也是学术界一致认可的制约和影响跨境电子商务的最重要因素之一。基于不同的跨境物流模型，不同学者从不同角度展开了相关研究：刘东华（2015）研究指出，当前学术界对于跨境电子商务物流的研究成果大致可以从物流模型的研究、边境电子物流、跨领域的物流研究以及跨境电子商务物流的协同发展这4个方面进行分类；郭玉华（2015）的研究中指出，目前世界范围内较为常用的跨境电子物流主要有三类，分别是第三方物流配送模式（这是一种由第三方，通常是物流公司提供外包服务，跨境电子商务公司将物流工作整合承包给第三方物流公司）、自建物流配送模式（仅适用于经济实力较为丰厚的大型电子商务企业）、物流供应链分配模式（物流分配的工作由铁路运输与第三方物流公司共同协作完成）；曾庆菊（2017）认为，企业物流研究的热点之一即是跨境电子商务，而跨境电子商务的涵盖范围包括模型的研究与模型的选择，跨境电子商务与跨境物流的协同发展的问题及对策的研究。李秋月和张锡荣（2018）将当前现存的跨境物流分为：国际快递模式、国际邮政包裹模式以及国内快递国际化模式这三种主要的类型。杨建正等

（2014）在研究中运用了实证分析，实证结果指出，跨境物流是跨境电子商务企业在面对各国的跨境电子商务规则时所面临的瓶颈问题之一。李向阳（2014）的研究认为，当前常用的跨境电子商务物流方法主要可以分为三种，分别是海外仓、邮政以及国际快递。同时，他指出，为了进一步促进跨境电子商务物流网络的发展，国家和企业应该更加注重建立海外仓，并且加强物流监控和顶级测试。对此，张夏恒和马大山（2018）也表达了一致观点，即认为建设海外仓有利于切实解决我国跨境电子商务物流发展过程中面临的困境。

关于跨境物流所采取的模式，诸多学者认为，跨境电子商务公司倾向于选择的主要模式之一是物流外包。郎振亚（2017）认为，物流外包有利于促进跨境物流网络以及多种物流模式之间的资源功效与充分利用，实现协调发展以及聚集效应。他进一步指出，发展外包模式有助于促进物流的持续进步，并且未来的发展趋势是电子商务企业进一步加强与当地物流公司的合作深度。范静，袁斌（2016）的研究认为，跨境物流与跨境电子商务的合作发展是未来的大势所趋。为了适应跨境电子商务的发展，政府和企业都应致力于整合跨境物流网络的各项资源和优化升级物流外包模式，旨在突出聚集效应和满足跨境业务的发展需求。纪芳等人（2015）的研究认为，尽管国际快递和国际邮政包裹是目前世界范围内商务企业广泛使用的物流模式，在不久的未来，这种物流模式将不再能够满足跨境电子商务的快速发展所带来的巨大需求。若跨境物流滞后发展，物流因素将导致跨境电子商务的发展受阻与困境。针对该现象，他指出，政府和企业应该从横向和纵向这两个维度入手，致力于跨境物流与跨境电子商务的合作与协调发展，并且，企业应探索一种非单一的跨境物流模型。

3.3跨境电商与跨境物流的协同发展

国内外跨境电子商务与跨境物流协调发展的研究为以后的进一步研究提供了重要的理论参考。蒂姆（2007），伊娃（2010）等对该议题进行了大量有价值的研究，他们的研究对象主要集中在跨境物流供应链系统以及配送模型的选择。Tim（2004）的研究成果指出，供应链是对跨境电子商务和跨境物流的协同发展产生长足影响的主要因素之一，并建议企业与企业之间进一步加速有形资产和技能的资源共享，从而实现纵向整合中的一种战略协调格局。Ewa（2010）基于对跨境电子商务和跨境物流合作的研究，提出了有利于促进供应链中的资源整合和实现上游和下游资源要素的匹配的优化路径。

关于跨境电子商务和跨境物流的协同发展，中国的大多数学者对跨境电子商务与跨境物流的协同作用和协同水平展开了定性描述和评估。唐磊（2006）的研究指出，合作是基于信息和知识共享的基础之上的，并且，实现跨职能的合作需要营销活动和物流活动的支持。为了实现供应链协调，曲岩和王谦（2015）对四个供应链协调界面进行了分析，并且提出了不同的协调机制。他们对集中决策和使用协作机制的分散决策这两种模式进行了研究，采用委托—代理模型用以研究供应链的协调问题，并且基于对特定的信息共享评估系数的研究方法，提出了对供应链协调的激励模型。在定性研究结果的基础上，为了进一步验证电子商务与物流之间的关系，一些国内研究还使用了定量分析。例如，文辉（2015）基于格兰杰因果关系检验和向量自回归模型，认为物流和电子商务在短时间内会产生相互抑制的效果。王振珍（2016）的研究指出，电子商务和跨境物流企业之间虽然呈现出相互依赖的合作格局，但这种合作格局难以维持长期的稳定。对此，为探索两者之间的相互关系，他们提出了一种全新的模型，即电子商务与第三方物流的动态演化博弈模型，用以研究两者之间互动关系及影响因素。刘有生和陈独斌（2018）的研究基于复合系统协同模型，利用该模型，他们对跨境电子商务与跨境物流的协同程度进行了度量。研究发现，电子商务与跨境物流长期呈现出一种竞争与合作并存的动态演化格局，并且就中国而言，跨境电商与跨境物流的协调发展目前正处于起步阶段的水平。

总而言之，跨境电商和跨境物流已经引起了学术界的广泛关注。围绕政府实施的战略措施研究跨境电子商务的发展状况是当前研究的一项重大创新。使用该模型的强度也在逐渐增加。然而，从上述文献综述来看，本文认为，有关跨境电子商务的研究虽然取得了突破，但目前的研究仍然需要进一步改进。一般而言，大多数研究集中在传统供应链的协调以及物流集成商和供应商之间的协作上。缺乏对跨境电子商务和跨境物流的特定协作发展机制的深入研究。从整个文献的角度来看，由于该领域的起步较晚，国内学界尚未形成更加统一的研究方向。每种类型的研究主题都占很小的比例，并且在各个方面都有研究，但缺少相应的研究深度。

四、广东省跨境电商与跨境物流协同发展的现状描述

4.1 中国跨境电子商务与跨境物流的发展现状

通信技术和互联网技术的迅猛发展给全球电子商务的发展带来了诸多机会，中国的电子商务也得到了快速的发展。自国家于2014年发布新的跨境电子商务政策以来，在整合电子商务平台上的国际资源和实现国际交流与合作的互连基础上，跨境电子商务交易已显示出巨大的利润空间，直到2019年，仍然有大量的跨境电子商务企业陆续进入这个行业。2018年，对于中小企业而言，跨境电商和跨境物流面临着非常大的压力和冲击。在中美贸易战的政治和经济背景下，以德国为首的欧洲增值税政策以及新的电子商务法所要求的电子商务平台的标准化，使得大量弱势的中小企业大型卖家被淘汰，在激烈的竞争中需要卖家为客户提供更方便、舒适和个性化的服务。2018年，海关总署发布了《关于跨境电商平台实时获取与企业支付有关的原始数据的事项的公告》，该公告有效地保证了跨境物流过程中通关的标准化并避免了损失。根据该公告的数据显示，2018年间，中国的跨境电商的年度交易额迅猛发展，呈现出了31.63万亿元这个优秀结果，同比增长幅度达到了8.5%；其中，跨境电子商务进出口总值同比增长幅度高达50%，由此可见，在我国对外贸易和经济增长转型升级的发展过程中，跨境电子商务已成为一种有力的新途径。

4.2 广东省跨境电商与跨境物流发展现状

广东省具有极为悠久的对外贸易的历史，并且拥有面对东南亚、腹地珠江三角洲支持以及毗邻港澳的极大地理优势。同时，广东省还具有强大的制造能力，为跨境电子商务的发展提供了强大的支持。广东省外贸企业和外贸加工企业，特别是中小型外贸企业，越来越多地参与跨境电子商务。目前，国内有20多万家企业通过各种跨境电子商务平台开展跨境电子商务。全国跨境电子商务公司中约有70%在广东，其中中小企业和自营企业约占50%。在广东省的跨境电子商务公司中，中小企业和个体经营者约占50%，并且在主要跨境电子商务中开设了超过30万种各种类型的在线商店平台，其中80%已实现了完整的网络营销，例如eBay。广东省也具有巨大的进出口规模。近年来，广东的进出口总额约占该国进出口总额的30%。同时，广东是跨境电子商务的主要分销中心，广东省的产业链较为完整，珠江三角洲的各个生产基地几乎覆盖了大中华地区所有最畅销产品的完整供应链，包括服装、鞋类、食品、烟草和酒精、日用化工产品、文化娱乐、交通运输等，跨境电子商务的销售区域是多元化的。

为促进跨境电商的集聚和发展，广东省积极推动跨境电商园区的投资建设。随着资源的积累，大型电子商务平台也迅速崛起，2015年6月8日，广东省自贸区的进口税收政策获得批准，优惠的进出口税收引起了跨境电子商务的关注。自由贸易区不同于前面提到的自由贸易区。这是自由贸易区的进一步发展和创新。自由贸易区已经解除了对自由贸易区的一些限制，从而进一步创新了现有的贸易体系。它是国内外的一种管制模式，表明自由贸易区的发展逐渐与国际通用模式相吻合，其建立有利于适应国际贸易变化的新的经贸形势。通过加深与香港和澳门的贸易联系，它将面向世界并与香港和澳门建立联系。同时，2017年，国家提出重大决定，推进粤港澳大湾区建设，提出发展跨境电商，提升粤港澳进出口优势。粤港澳大湾区。作为大湾区跨境电子商务发展的先驱，我们将研究广东省如何抓住大湾区的发展机遇，通过整合大湾区的优势加速大湾区新贸易形式和模式的培育，创造具有全球竞争力的商业环境，对于提升大湾区的核心引擎功能具有重要的现实意义。

但另一方面，由于跨境电子商务的飞速发展，它给广东省的跨境物流带来了更大的压力。由于跨境电子商务的批次数量大，频率高，使得物流服务更加困难和难以追踪，这在一定程度上限制了跨境电子商务的发展。广东出口的跨境产品是以制造业为主的小型产品，而客户满意度和物流速度对这类企业而言显得尤为重要。但从目前情况来看，广东跨境电商的配送速度相对较慢，配送耗时比较多。具体来说，从广州寄到美国华盛顿大约耗时20~25天，从广州寄到英国伦敦则大约花费10~15天。此外，由于交货期不稳定，验收时间波动较大，物流过程中经常出现的这系列问题很容易导致客户投诉量的增多和较低的用户满意度。由于跨境电子商务的产业链比较长，跨境电子商务的物流和配送要比传统的电子商务物流复杂得多，这影响了长期配送过程中的客户体验。

五、广东省跨境电商与跨境物流协同发展的理论机理

5.1 跨境电商与跨境物流协同的定义

协同论是研究事物和事物间的共同特征及其协同机理的综合学科理论，由Hermann Haken创立。协同学理论认为，处于复合系统中的各个子系统借助于科学有效的协调机制，能够产生正向的协同效应，进而使复合系统从无序状态调整为有序状态，反之亦然。本文主要研究广东省跨境电商与跨境物流之间的协同。参考现有文献的研究，将跨境电商与跨境物流的协同定义为：二者为了实现整个跨境电商供应链高效的运作和良性、长久的发展，各节点通过有效的协作和科学的协调，充分利用信息技术和现代通信技术，共享彼此信息，达到整体和谐，一方面提高跨境电商供应链的整体效率，以满足客户需求，另一方面增加各个节点企业的利益，降低运营风险和运作成本。

跨境电商和跨境物流具有共同的战略目标，即为消费者提供比国内的

电商市场和线下购物更优质的产品与服务，挖掘潜在客户，通过协同发展不断扩大跨境电商市场，最终实现跨境电商和跨境物流各自的期望收益。二者在内外动因的驱动下，通过协议或者以联合组织的形式，形成以跨境电商为核心的组织，深度融合、协同合作，为跨境网购消费者提供优质服务。

5.2 跨境物流与跨境电商协同的动因分析

跨境电商与跨境物流的协同动因包括外部动因与内部动因。外部动因主要是指跨境电商供应链系统所受到的社会环境的影响，主要包括市场发展变化、信息技术的进步以及消费者观念的转变三个方面。第一，随着经济的全球化，市场发展变化加快、竞争加剧。企业为提高市场竞争力，必须快捷、准确地收集并掌握市场信息，并不断地学习，积极协同以拓宽信息渠道。第二，技术进步是推动跨境电商和跨境物流协同的外在动力之一，使得跨境电商和跨境物流之间跨企业、跨国家的协同成为可能。第三，消费者的消费需求呈现多元化、快捷化，促使跨境电商和跨境物流之间有效协同，以满足消费者要求。

内部动因主要是指跨境电商供应链系统内部渴望实现协同的原因，主要包括企业追求高利润的行为和各节点间的关联性。第一，专业化分工形成了节点间的功能关联性，使得企业能够通过协同共享来创造竞争优势。第二，企业追求利益最大化是供应链协同的根本源动力。企业加入供应链的动力是实现自身的经营目标，获得协同收益。企业通过比较自身在市场中的优势与劣势，保留自身擅长的核心环节，向其他企业外包非核心环节或不具备竞争优势的业务，并与其组成协同关系，实现利益协同和共赢。

5.3 跨境电商和跨境物流的协同效应机制

协同学认为，协同效应是一种整体效应（也称集体效应），通常是由系统内部各子系统之间通过有效协作、科学协调，进而达成各子系统之间从无序向有序的转化，系统整体的效应高于各子系统单独运作时的效益之和。

　　跨境电商与跨境物流的协同效应最直接的表现就是企业的收益，如果通过二者之间的协同运作，提高了节点企业的收益，则说明产生了协同效应。当跨境电商与跨境物流的协同行为能够产生比各内部子系统独立运作时更大的利润时，子系统之间才有协同运作的可能性和可行性。这种由于协同行为所产生的增值利益就可以理解为跨境电商与跨境物流协同的经济效应。

　　（1）经济效应。跨境电商与跨境物流协同的根本动力就是寻求经济效应，实现利益最大化的目标。经济效应包括了规模经济效应和范围经济效应。其中，规模经济效应是跨境电商与跨境物流通过利益协同、信息协同、能力协同、业务流程协同，提高终端客户的满意度和忠诚度，从而扩大跨境网购规模、降低跨境电商与跨境物流的单位运营成本，产生明显的经济效益。而范围经济效应是跨境电商与跨境物流进行不同业务的整合协调，使企业以更低的成本充分发挥已有的资源优势，更快速地响应需求，逐步建立信任，降低跨境网购交易的费用和风险，形成新的竞争优势。

　　（2）知识与技术扩散效应。跨境电商与跨境物流协同过程中，某节点采用了新知识、新技术、新技能，其他相关节点就会通过深入的沟通进行模仿学习，从而使知识与技术创新得到传播、扩散与共享，这有利于各节点企业获得新的专业知识与技能，进而提升服务能力，同时也有能够降低新知识与新技术的投资成本和使用成本。

　　（3）社会效应。跨境电商与跨境物流的协同运作会对相关的外部经济和社会的发展产生有利影响，表现为社会经济效应和环境效应。二者积极协同产生的社会效应是一种长期的战略效应，有利于跨境电商与跨境物流可持续发展。

六、指标的选取及数据

6.1 初步确定的指标体系

为确保跨境电商与跨境物流两个系统的协同发展水平测算的准确性，

必须构造合理有效的指标体系，从而有效衡量跨境电商与跨境物流间的协同发展水平。因此，本文借鉴张夏恒、陈笃彬等学者的研究结果，结合调查研究结果，根据各个子系统本身的特点以及数据的可得性、可靠性，初步确定的评价指标如表2-5所示。

表2-5　初步确定的指标体系

子系统	维度	序参量指标	变量
跨境电商	规模	广东省跨境电商交易总额（亿元）	X1
		广东省进出口交易总额（亿元）	X2
		广东省网络购物交易总额（亿元）	X3
	质量	广东省跨境电商交易规模年增长率（%）	X4
		广东省跨境电商消费品在社会消费品零售总额中的渗透率（%）	X5
		广东省跨境电商对进出口贡献率（%）	X6
	潜力	广东省居民消费水平（元）	X7
		广东省网民人数（万人）	X8
		广东省网络普及率（%）	X9
		广东省批发零售业从业人员（人）	X10
跨境物流	规模	广东省快递量（万件）	Y1
		广东省快递年收入（万元）	Y2
		广东省货运量（万吨）	Y3
		广东省货物周转量（亿吨公里）	Y4
		广东省主要港口货物吞吐量（万吨）	Y5
	基建	广东省交通运输、仓储和邮政业固定投资完成额（亿元）	Y6
		广东省主要港口码头泊位数（个）	Y7
		广东省主要港口码头长度（米）	Y8
		广东省铁路总里程（公里）	Y9
		广东省公路总里程（公里）	Y10

6.2 指标的筛选

由于在广东省跨境电商子系统与跨境物流子系统协同发展过程中，可能存有许多不确定因素，而相关的样本数据无法全面反映各个指标的含义，为了保证子系统之间具有较强的关联性，本文采取灰色关联分析法对序参量指标进行筛选。灰色关联分析法是通过各指标曲线间的几何形状相似度来判断关联程度，曲线之间越接近，则关联度越大；反之，则关联度越小。利用 Matlab 2019a 软件得出广东省跨境电商与跨境物流子系统指标的灰色关联度，具体如表2-6所示。

表2-6　广东省跨境电商与跨境物流系统指标的灰色关联度矩阵

	X1	X2	X3	X4	X5	X6	X7	X8	X9	X10
Y1	0.7771	0.8910	0.9150	0.7956	0.8923	0.7204	0.8943	0.8964	0.6431	0.8989
Y2	0.8911	0.9361	0.9642	0.8308	0.9351	0.7199	0.9400	0.9427	0.6344	0.9451
Y3	0.9053	0.9777	0.9885	0.8558	0.9766	0.7135	0.9824	0.9857	0.6376	0.9880
Y4	0.8856	0.9891	0.9782	0.8504	0.9879	0.7193	0.9339	0.9928	0.6018	0.9984
Y5	0.8943	0.9695	0.9940	0.8527	0.9697	0.7034	0.9750	0.9777	0.6453	0.9779
Y6	0.8964	0.9765	0.9712	0.8472	0.9964	0.7189	0.9476	0.9946	0.6247	0.9922
Y7	0.8957	0.9167	0.9657	0.8323	0.9077	0.6968	0.9019	0.8986	0.6284	0.9163
Y8	0.8989	0.9780	0.9675	0.8440	0.8991	0.7089	0.9039	0.9906	0.6320	0.9182
Y9	0.7771	0.9893	0.9786	0.8495	0.9851	0.7193	0.9941	0.9920	0.6352	0.9572
Y10	0.8915	0.9984	0.9689	0.8448	0.9386	0.7035	0.9050	0.9420	0.6726	0.8796

由表2-6可知，广东省跨境电商子系统与跨境物流子系统的各个序参量指标关联度都比较大，说明二者相关性较高。本文以关联度0.75作为临界值对各子系统的指标进行筛选，由此得到广东省跨境电商子系统的指标体系为X1、X2、X3、X4、X5、X7、X8、X10，跨境物流的指标体系为Y1、Y2、Y3、Y4、Y5、Y6、Y8、Y9、Y10。具体筛选后的指标如表2-7所示。

表2-7　筛选后的指标体系

子系统	维度	序参量指标	变量
跨境电商	规模	广东省跨境电商交易总额（亿元）	X1
		广东省进出口交易总额（亿元）	X2
		广东省网络购物交易总额（亿元）	X3

续　表

子系统	维度	序参量指标	变量
跨境电商	质量	广东省跨境电商交易规模年增长率（%）	X4
		广东省跨境电商对进出口贡献率（%）	X5
	潜力	广东省居民消费水平（元）	X7
		广东省网民人数（万人）	X8
		广东省批发零售业从业人员（人）	X10
跨境物流	规模	广东省快递量（万件）	Y1
		广东省快递年收入（万元）	Y2
		广东省货运量（万吨）	Y3
		广东省货物周转量（亿吨公里）	Y4
		广东省主要港口货物吞吐量（万吨）	Y5
	基建	广东省交通运输、仓储和邮政业固定投资完成额（亿元）	Y6
		广东省主要港口码头泊位数（个）	Y8
		广东省铁路总里程（公里）	Y9
		广东省公路总里程（公里）	Y10

七、研究方法与数据说明

　　跨境电商作为当下电子商务的趋势，其发展关系着我国对外贸易的发展水平。跨境电商的发展推动了跨境物流的逐渐发展，同时跨境物流的发展又有助于跨境电商的发展，只有二者之间协同有序发展，才能够促使跨境电商供应链、跨境电商生态圈向着更加健康的方向前进。当前学者估计广东省跨境电商与跨境物流处在低协同阶段，本文将对其进行验证。如何构建评价跨境电商与跨境物流之间的协同度的测量模型是本文的重点也是难点。因此本文将按照以下流程构建跨境电商与跨境物流协同度模型：

　　第一阶段，计算出上文以灰色关联分析法筛选出来的序参量指标对广东省跨境电商和跨境物流子系统的贡献度，随后对各指标以CRITIC法赋权，进而求得跨境电商和跨境物流子系统的2012—2018年的有序度。

第二阶段，依据筛选得到的序参量指标和赋予的权重，构建跨境电商和跨境物流两个子系统的协同度方程，对复合系统的协同度进行测算评价。

7.1　广东省跨境电商与跨境物流子系统的有序度计算模型

本文假定广东省跨境电商系统为子系统为S1，跨境物流系统为子系统为S2，二者构成的综合系统为S，根据协同学现有理论，本文通过构建功效函数来定义序参量对各子系统的贡献度。

7.2　广东省跨境电商与跨境物流的协同度模型

跨境电商与跨境物流之间的关系处于动态变化的过程，随着时间的变化而发生改变，因此必须对广东省跨境电商和跨境物流的协同度进行动态衡量。

八、广东省跨境电商与跨境物流协同发展的评价

8.1　跨境电商与跨境物流子系统序参量权重计算结果

根据筛选出的序参量计算序参量指标的权重，根据公式以及已得序参量权重，计算子系统的有序度。计算结果如表2-8所示。

表2-8　广东省跨境电商与跨境物流系统序参量指标的权重

子系统	维度	权重	序参量指标	权重
跨境电商	规模	0.4614	广东省跨境电商交易总额（亿元）	0.3658
			广东省进出口交易总额（亿元）	0.0587
			广东省网络购物交易总额（亿元）	0.0369
	质量	0.2536	广东省跨境电商交易规模年增长率（%）	0.1570
			广东省跨境电商对进出口贡献率（%）	0.0966
	潜力	0.2850	广东省居民消费水平（元）	0.1133
			广东省网民人数（万人）	0.0576
			广东省批发零售业从业人员（人）	0.1141

续　表

子系统	维度	权重	序参量指标	权重
跨境物流	规模	0.5340	广东省快递量（万件）	0.2101
			广东省快递年收入（万元）	0.1009
			广东省货运量（万吨）	0.0648
			广东省货物周转量（亿吨公里）	0.0833
			广东省主要港口货物吞吐量（万吨）	0.0748
	基建	0.4660	广东省交通运输、仓储和邮政业固定投资完成额（亿元）	0.0787
			广东省主要港口码头泊位数（个）	0.1150
			广东省铁路总里程（公里）	0.1500
			广东省公路总里程（公里）	0.1223

由表2-8可知，广东省跨境电商交易规模、广东省跨境电商交易规模年增长率和广东省网民人数对广东跨境电商系统的有序度影响度较大。广东跨境物流系统中，各个序参量指标对有序度影响差距不大，影响略大的主要序参量指标有广东省快递总量及快递业收入、广东省主要港口泊位数、广东省铁路里程和公里里程。从维度来看，规模对于跨境电商和跨境物流系统的有序度影响超过一半，增大规模维度的指标可以更加快速提高系统协同度。因此，可以把建设重点放在扩大跨境电商交易规模，增加基础设施建设等方面，以促进广东跨境电商和跨境物流更好的协调发展。

8.2 跨境电商和跨境物流子系统的有序度计算结果

跨境电商和跨境物流子系统的有序度计算结果如表2-9所示。

表2-9　跨境电商和跨境物流子系统的有序度

年份	2012	2013	2014	2015	2016	2017	2018
跨境物流	0.1834	0.3773	0.5658	0.6537	0.7839	0.8447	0.9715
跨境电商	0.0559	0.1376	0.3254	0.3475	0.3819	0.6436	0.8168

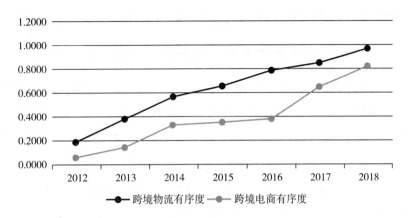

图 2-1 跨境电商和跨境物流子系统有序度折现图

有序度计算结果显示，广东省跨境电商子系统、跨境物流子系统有序度都呈现上升的趋势，跨境物流子系统的有序度要显著高于跨境电商子系统，由此可见，广东省的跨境电商和跨境物流都在朝着更加合理高效的方向发展。跨境电商子系统的上升幅度相对跨境物流系统平缓一些，特别是在2014—2016年期间增幅较小，但2017迎来了大幅增长，增幅高达88.53%。分析原因，网民数量、跨境电商出口规模的增长为有序度贡献了较大的增幅。从而得出结论：网络的普及、跨境电商出口贸易的扩张推动了跨境电商的发展。

8.3 跨境电商和跨境物流系统的协同度计算结果

根据公式计算得到跨境电商和跨境物流子系统的协同度计算结果如表2-10所示。

表 2-10 跨境电商和跨境物流子系统的协同度

年 份	2012	2013	2014	2015	2016	2017	2018
跨境电商物流系统协同度	–	0.1259	0.1881	0.0441	0.0669	0.1261	0.1482

相较于2013年，2018年的协同度有所提高，但总体来看广东跨境电商和物流的协同度并不像二者各自的有序度一样呈现出直线上升的趋势，而是波浪式螺旋上升。此外，广东省跨境电商和跨境物流的协同度还是处于

比较低的状态，最高为0.1482，仍存在较大的提高空间。

九、广东省跨境电商与跨境物流协同发展存在的问题

广东省作为国家实行跨境电商试点的省份之一，已经成为众多跨境电商卖家的聚集地，使广东省的跨境电商业得到迅速的发展，大大提高了广东在对外贸易中所处的地位。但作为新兴行业，广东省跨境电商供应链体系并不完善，其中较为突出的问题就是，作为两个重要组成部分的跨境电商与跨境物流二者之间并没有形成协同发展，从实证测算结果来看，近几年两者协同度最高也仅仅只有0.1482，说明其协同整体水平还只处于较为低级的阶段。这大大阻碍了整个供应链的运作效率，延缓了广东省跨境电子商务整体发展速度。广东省跨境电商与跨境物流协同发展存在的问题主要有以下三个方面：

9.1 跨境电商与跨境物流企业间信息不能同步共享

跨境电商与跨境物流作为跨境电子商务供应链中的两个关键部分，两者之间并未搭建出良好的利益互信机制，不能形成信息共享的局面，使得两者的协同受到限制，发展较为困难。在跨境电商实际交易活动中，跨境电商与跨境物流企业彼此间缺乏信任，在合作中都担心自身客户信息和商业机密的泄露，导致双方不愿意共享信息数据，这就加深了双方在业务层面上协同的难度。

从跨境电商企业方来看：首先，由于缺乏可靠的信息，跨境电商企业无法对跨境物流企业的整体能力做出有效的评估，包括不能准确估算出跨境物流企业当前可承载商品的规模，无法得知跨境物流企业所构建的物流配送网络布局情况，这使得跨境电商企业难以做出精确的规划和及时性的调整，以致有可能降低消费者的物流体验；其次，由于跨境电商企业不能及时追踪位于跨境物流环节中的客户信息以及商品货物的存储信息，接受反馈信息较慢，使得跨境电商不能将配送时间控制在合理范围内，影响配送服务效率，降低了消费者对于跨境电商企业的信任感和满意度。

从跨境物流企业方来看：由于跨境物流企业得不到跨境电商企业相关信息，不能根据跨境电商企业的发展程度去估算其交易规模，不利于跨境物流企业的布局发展，影响跨境物流企业的物流服务体系建设。跨境物流的发展需要实体经济的支撑，需要充裕的时间去解决选址、建立仓库、运输物流设备等一系列问题，无法提前得知跨境电商发展的信息就不能将跨境物流资源进行合理的配置，物流资源得不到有效的利用，从而导致了资源的浪费。例如，作为商业机密，跨境电商的订单量以及预售活动的额度和地域范围等内部信息资料是不愿和跨境物流企业进行共享的，跨境物流就无法提前准确把握跨境电商企业的动向，使得跨境电商企业做促销活动时，跨境物流企业难以满足其对物流服务的需求，出现大量商品爆仓、丢件、破损的现象；而在销售淡季，跨境物流企业的物流服务供给又有剩余，大量出现空仓的现象。

跨境电商与跨境物流企业间信息不能同步共享的困难可能随着大数据、云计算、物联网技术等高科技的发展逐步降低，但科技水平的发展只是缓解了此问题，为解决该问题提供了手段，并不能从根本上解决此问题。导致企业间信息不能同步共享问题产生的根源在于企业间互信度不足，因此，在跨建电商与跨境物流企业间建立良好的互信机制才是保障两者协同发展的有效措施。

9.2 跨境电商与跨境物流间缺失逆向物流协同

逆向物流是跨境电子商务服务中不可或缺的环节。一旦因某种原因出现消费者退换商品的情况，则随之出现的就是逆向物流的问题，即货物需要从消费者手中逆向回流到跨境电商方。而相较于国内电子商务而言，跨境电商产业的供应链条要更长，涉及到的交易主体较多，交易过程更为复杂。因此解决消费者退货问题所需要的时间会更长，产生的交易成本会更高。

随着人民生活水平的提高以及消费者对于自身权益保护意识的逐步增强，消费者对商品的质量与个性化体验慢慢有了更高层次的要求。但根据目前广东省跨境电商发展情况来看，跨境电商企业暂时还未树立良好的品牌意识，导致跨境电商市场上的产品在质量和个性化上都经不起考验，产品同质化严重，这一特点是与消费者市场需求相背离的，导致退换货的概和比率不断上升，从而形成了跨境电商市场对于逆向物流的需求逐渐增大的局面，但跨境电商企业又希望能以低成本解决退换货问题，以低价格实现逆向物流，因为对于小件商品来说，逆向物流所产生的费用可能超过了商品自身所具有的价值，这样跨境物流服务商又出于对于自身利益的考虑而不愿意发展逆向物流。

在此矛盾体中跨境电商企业没有树立长远的品牌意识，更多注重短期利益，并且对于售后服务等越发重要的环节还未受到足够重视，导致对于逆向物流服务的建设投入较少，没有很好的促进逆向物流的发展，形成逆向物流发展速度缓慢而跨境电商发展迅速的局面，两者发展速度不协调，协同水平处于低水平。从解决矛盾的外部环境讲，目前我国没有相应的法律监管跨境电商售后服务水平，也尚未形成良好的售后服务保障体系，因此，跨境电商供应链中逆向物流的问题在短时间内是无法改变的。

9.3跨境电商与跨境物流两者发展水平不协调

目前，互联网的发展给跨境电商带来了许多技术上的优势，随着信息技术、网络技术、大数据等的逐渐应用，广东省跨境电商得到飞速发展，其对跨境物流方的需求不断增长，也对跨境物流的质量和服务水平提出了更高的要求。同时，由于互联网信息技术的革新突破，消费者的需求理念也有了相应的变化，呈现出分散化、多样化、个性化的特征，而跨境电商在适应这些特征的过程中给跨境物流的运作带来了挑战。但是这些互联网技术却不能在短时间内与跨境物流进行衔接，导致跨境物流难以迎合跨境电商的综合发展，而传统的跨境物流又难以满足跨境电商对于物流的需求，制约了跨境电商的发展。

虽然广东省在加快完善物流基础设施的建设，致力于打造国际物流中心，但综合看来，目前广东省跨境物流的发展水平仍还处于低级层次，省内大部分物流企业规模较小，专业化程度较低，所提供的物流服务形式较为单一，难以满足电商所需的综合供应链物流解决方案，而省内规模较大、能提供较为完善的物流服务企业却并不多，只有顺丰、中国邮政速递和联邦快递公司等少数几家，导致跨境物流难以实现对广东省跨境电商在各个环节的无缝对接以及提供人性化的物流服务；同时，随着时代的发展，广东省跨境电商所面向的消费群体会越来越注重对个性化产品和服务的追求，且对卖方市场的要求会更加严格，那么跨境物流就更难适应广东省跨境电商的发展需求。跨境物流发展水平与跨境电商不相协调时，就会造成两者协同的缺失。

十、广东省跨境电商与跨境物流协同发展的策略

结合广东省跨境电商与跨境物流协同发展存在的实际问题，本文对如何提升两者之间的协同度给出以下建议，希望能够对解决广东省跨境电商与跨境物流协同缺失的问题做出一定贡献，促进广东省跨境电子商务供应链的良好发展。

10.1 构建广东省跨境电商与跨境物流互信机制

从跨境电商与跨境物流两者发展关系来看，前者对后者具有较强的推动作用，而后者对前者则表现为较强的限制性作用；而从整个跨境电子商务供应链的发展条件来看，跨境物流的发展是促进整个跨境电子商务供应链发展的必要条件，因此研究跨境电商与跨境物流协同发展的首要任务就是去解决跨境物流对跨境电商的限制性作用。

构建企业间的互信机制是促进广东省跨境电商与跨境物流协同发展的有效措施。在保证商业机密不会泄露于第三方的前提下，跨境电商与跨境物流企业双方可以签订互利互惠协议，形成战略合作伙伴关系，双方依靠信息共享来有效地优化企业资源配置，提前进行合理的商业布局，有利于提升整体的资源利用率。这样一种互信机制实现了跨境电商与跨境物流双方企业的共赢局面：

现代物流业发展与新时代高校人才培养研究

首先，对于跨境电商企业来说，这不仅能有效控制物流和信息成本，使得产品的销售成本下降，利润增加，还能为顾客提供优质的物流体验，有利于树立跨境电商自身品牌形象；

其次，对于跨境物流企业来说，信息共享能够保证跨境物流企业根据跨境电商企业商业战略进行合理的区域布局，从而减少资源浪费，有利于跨境物流企业降低风险，缩减成本。同时跨境物流企业为了保持与跨境电商企业长久的战略合作伙伴关系，跨境物流企业也会积极地去适应跨境电商的发展趋势，不断地推陈出新，保证了跨境物流企业持久的生命力，有利于跨境物流企业的可持续发展。

跨境电商与跨境物流这样一种互信机制也有劣势所在，其具体表现为在双方合作关系中，双方地位并不相等。相较而言跨境电商企业更要占据主导地位，而跨境物流则更大程度上是依赖于跨境电商的发展，这就导致跨境电商的成长状况决定了跨境物流未来的发展前景。与此同时，对于占据绝对优势地位的跨境电商而言，其单方面的协议违约成本相较跨境物流企业方是较低的，这就使得跨境物流与跨境电商企业间签订互惠互利协议更加艰难。但构建跨境电商与跨境物流双方的合作体系、完善双方间的互信机制是必要的，也是实现跨境电商与跨境物流协同发展的重要步骤。

最后，对于广东省政府来讲，应加快建立健全保护跨境电商与跨境物流合作的地方性政策性条款，制定相关法规来帮助在跨境电商与跨境物流企业间产生争议时能做出合法合理合情的判断；对于跨境电商与跨境物流双方来说，在建立互信机制时，可以设立相关的毁约补偿条款，在必要时可以介入无利益关系的第三方，保证合同的顺利签订。

构建跨境电商与跨境物流的互信机制将极大地提高跨境电子商务供应链的稳定性，保证跨境电子商务供应链的持续发展。广东省跨境电商与跨境物流协同程度还处于低级阶段，构建双方企业间互信机制，是完善广东省跨境电子商务供应链的必然要求。

10.2 打造集成化网络平台，促进逆向物流协同

打造集成化网络平台可以使得跨境物流企业的资源得到充分地发挥和利用，有利于提升跨境物流的运作效率，解决跨境电子商务供应链中逆向物流协同的问题，进而提高消费者对整个跨境购物过程的满意度。

首先，从跨境物流企业方来说，要优化改良跨境物流的环节和步骤。当消费者在跨境电商平台购买商品后，要经过订单货物的挑拣、对商品包装、贴上相应标签，然后是装载货物进行入境清关，到达境内后，将商品配送到买家手中，最后卖家对商品进行售后服务，买家在跨境平台上对此次购物进行评价。可以看到，商品从跨境电商到达消费者这一整个交易过程较为冗长，因此要简化跨境物流的所有流程。

其次，从广东省政府来说，打造跨境物流集成统一化平台，创造一站式的综合服务系统需要政府牵头。目前广东省跨境物流公司有很多，但较为离散且各自为营。那些大规模的物流公司虽有自己的信息化平台，但在对外信息衔接沟通方面就显得力不从心，例如每个跨境物流公司对商品的编码方式是不同的，导致商品在运输交接或者间接买卖时需要花费较长的时间，浪费较多的资源，追溯性差。而集成统一化平台可以进行资源整合，满足像跨境物流行业这种对于信息化具有较高要求的特点。

最后，跨境物流集成化网络的构建，大大降低了跨境物流企业运营成本，这为解决跨境电商与跨境物流间缺失逆向物流的问题提供了条件，在此基础上，广东省跨境物流企业间可以共同打造退换货物物流中心，以此来集中处理那些逆向物流货物，有利于优化对于逆向物流的管理，从而实现广东省跨境电商与跨境物流的协同发展，创造出更高的协同效应。

10.3 注重跨境电商与跨境物流复合型人才培养

人才是实现跨境电商与跨境物流协同发展的重要保障，由于跨境电子商务是在近几年才开始兴起，作为新兴产业，高校对于此类综合性人才的培养还只是处于探索阶段，尚未形成较为全面的培养体系以及科学的培养方案。广东省政府可以采用培养和引进双结合的双轮驱动方式来解决跨境

电商与跨境物流复合型人才培养的问题。

首先，广东省政府可以合理运用高校教育资源，搭建广东省高校高水平实训平台，建立以政府为主导、企业为主体、院校为支撑的跨境电子商务供应链综合型人才培养模式，打通院校向企业输送人才的无障碍通道，注重理论与应用型人才的协调培养，形成层次分明的人才梯队。可以参照2018年年底国务院印发的《国家职业教育改革实施方案》，深化复合型人才的培养，实行"1+X证书制度"，即鼓励学生在获得跨境电商类的技能证书的同时，还需获得跨境物流管理类的相关资格证书。

其次，政府也应建立完善的人才引进机制，吸引高水平的跨境电商产业人才来广东工作。同时，应积极鼓励跨境电商和物流企业提供员工培训福利，通过企业内部的业务培训，提升整个产业从业人员的素质。通过完成跨境电商与跨境物流复合型人才输血与造血功能，有利于推进广东跨境电商与跨境物流的协同发展。

参考文献

[1] Blum Bernardo.S, Goldfarb Avi. Does the internet defy the law of gravity[J]. Journal of international economics, 2006, 70(2):384-405.

[2] Ali Hortacsu, Martínez-Jerez, Jason Douglas. The geography of trade in online transactions. Evidence from e-Bay and mercadolibre[J]. American Economic Journal: Microeconomics, 2009, 1(1):53-74.

[3] Estrella Gomez-Herrera, Martens Bertin, Geomina Turlea. The drivers and impediments for cross-border e-commerce in the EU[J]. Information Economics & Policy, 2014, 28(1):83-96.

[4] Contemporary Logistics in China Part of the series Current Chinese Economic Report Series pp 211-232 Date:16 June 2015.

[5] Edwards L, Wilson C. Redress and Alternative Dispute Resolution in EU Cross-Border E-Commerce Transactions 1[J].International Review of Law Computers and Technology,2007, 21 (3):315-333.

[6] Gomez-Herrera E, Martens B,Turlea G. The Drivers and Impediments for Cross-border e-Commerce in the EU[J].Information Economics and Policy,2014,28:83-96.

[7] Lee H L, Billington C. Material management in decentralized supply chains[J]. Operations research, 1993, 41(5):835-847.

[8] Lummus R R, Alber K L. Supply chain management:balancing the supply chain with customer demand[M].APICS Educational&Research Foundation,1997.

[9] Nguyen T N. The ecology of software:a framework for the investigation of business IT integration[J].The Journal of American Academy of Business, 2002, 2(1):7-11.

[10] Placzek E. New challenges for logistics providers in the e-business era[J].Electronic Scientific Journal of Logistics,2010,6(2):6.

[11]王乐乐,邬锦雯,李丹.基于灰色关联分析法的跨境电商与物流协同水平测度研究[J].情报探索,2020(4):23-27.

[12]范静，袁斌国外跨境电子商务物流模式创新的经验与启示[J].商业经济研究，2016 (11)133-13b.

[13]郭玉华.适应经济新常态推进铁路向现代物流转型发展[N].现代物流报，2015-07-14(002).

[14]冀芳，张夏恒.跨境电子商务物流模式及其演进方向[J].西部论坛，2015, 25 (4) :102-108.

[15]郎振亚.跨境电子商务物流模式创新与发展趋势[J]，商场现代化，2017 (6) : 63-64.

[16]胡琳祝，李柄林.跨境电商发展对我国对外贸易模式转型的影响[J].

商业经济研究，2019(19):142-145.

[17]潘意志.海外仓建设与跨境电商物流新模式探索[J].物流技术与应用，2015, 20 (9) :130-133.

[18]宋子夏.推动广州跨境电商发展的政策建议[J].中国商论，2019(10):16-17.

[19]谭俊兰.我国跨境电子商务物流发展存在的问题及对策分析[J].对外经贸，2017 (8) : 34-37.

[20]汪文妓.广州市跨境电商发展的现状贺对策研究[J].现代商贸工业，2018 (19): 52-54.

[21]谢泅薪，全若曦.跨境电商物流发展环境下海外仓模式研究[J].铁路采购与物流，2018, 13 (7)56-58.

[22]张枉洁.广州中小型外贸企业向跨境电商的转型研究[J].现代经济信息，2019(18):311-313.

[23]张夏恒，马天山.中国跨境电商物流困境及对策建议[J].当代经济管理，2015, 37 (5) : 51-54.

[24]钟伟生.广州地区跨境电商的发展现状及对策研究[J].现代营销,2019(7):167-168.

[25]资道根.海外仓模式下跨境电商物流成本控制[J].物流技术，2015, 34(16) :175-177+180.

[26]张夏恒,郭海玲.跨境电商与跨境物流协同:机理与路径[J].中国流通经济,2016,30(11):83-92.

[27]张庆洁.论跨境电子商务与物流融合的困境及对策[J].科技经济导刊,2018,26(16):224.

[28]何江,钱慧敏.跨境电商与跨境物流协同策略研究[J].物流科技,2017,40(7):1-6.

[29]周凡恒.中国电商企业供应链管理存在的问题与对策[J].财经问题研究,2014(S1):133-136.

[30] 崔雁冰,姜晶.我国跨境电子商务的发展现状和对策[J].宏观经济管理,2015(8):65-67.

[31] 向红梅.跨境电商个性化服务现状及问题研究[J].电子商务,2018(7):9-10.

[32] 吴守学.跨境电商物流协同缺失与实现路径[J].商业经济研究,2018(9):101-103.

[33] 牟能冶,陈竹,郝娟娟,王宇.跨境电商与跨境物流协同运行机理研究[J].交通运输工程与信息学报,2020,18(3):9-18.

[34] 李洁.我国跨境电商与跨境物流协同发展研究[D].大连：大连海事大学,2019.

第三节　青海省物流效率评价与发展策略

一、引言

2013年9月，国家主席习近平提出建设"一带一路"（"新丝绸之路经济带"和"21世纪海上丝绸之路"）的战略构想。2015年3月国务院授权发布的《推动共建丝绸之路经济带和21世纪海上丝绸之路的愿景与行动》中，青海省被定义为贯穿南北丝绸之路的桥梁和纽带，是中国联通南亚国家的重要走廊和通道。在丝绸之路经济带建设中物流业属于复合型产业，依赖并带动丝绸之路经济带的道路联通，是实现资源和货物互换、贸易畅通、促进货币流通的重要推动力，是实现经济范畴道路联通、贸易畅通、货币流通三大方针的重要纽带。在国际上，物流业也被普遍认为是经济发展的动脉与基础产业，其发展程度与水平已经成为衡量一个国家或地区现代化水平与综合竞争力的重要标志，被喻为经济发展的加速器，对推动区域经济协调发展具有重要作用。[1]因此，分析青海物流效率及其影响因素，为青海物流业发展提供对策建议，对青海积极融入丝绸之路经济带建设，抓住机遇促进地方经济发展具有十分重要的意义。

二、文献回顾

目前，有关物流效率和影响因素的研究分为三个方面：（1）在大区域物流效率和影响因素的研究方面，贺竹磬、孙林岩[2]构建了区域物流相对有效的评价指标体系。袁丹、雷宏振[1]研究了丝绸之路经济带9省的物流业效率及其影响因素。吴旭晓[3]对国内四大城市群的物流业运作效率及联动效率进行了实证研究。（2）运用DEA对省份物流效率的研究方面，田丽[4]通过劳动投入和资本投入作为投入指标，以物流业增加值与货物周转量作为产出指标对河南省物流效率制约因素进行了分析并能提出发展策略。乐小兵、王瑛[5]以物流业的固定资产投资、能源消耗和物流业从业人数为投入指标，货运量、货运周转量和物流产值为产出指标分析了广西省物流服务效率。（3）运用DEA方法对青海物流业的研究方面，杨莹、车阿大[6]运用DEA方法对青海朝阳物流园区物流企业在规模效益和技术效益以及DEA整体效益方面进行了详细的比较和分析。杨莹[7]从物流业与制造业联动效率测度研究的角度，运用DEA分析青海省物流业和制造业联动发展协调度低的成因并提出对策。

目前的研究存在几点不足：（1）对大区域的研究较多较深入，然而在一带一路的国家发展战略提出后，具有针对性的分析重点桥梁和纽带省份的研究尚不足；（2）已有的其他省份的研究成果中，物流效率的投入指标和产出指标的选取各异；（3）青海省关于物流的研究成果尚缺乏，物流效率的分析未见于国内文献，对DEA方法的物流领域的运用也非常有限。

因此，本文在已有学术研究的基础上，通过大量文献分析和调研，构建合理的物流效率评价和影响因素的指标体系，在《国家统计年鉴》交通运输、仓储和邮政业相关统计数据的基础上，运用DEA方法专门针对青海省物流效率进行分析并提出影响因素和对策。本文的研究旨在探索青海省物流效率是否合理，探索其影响因素和发展策略，为青海省的物流产业发展战略提供了理论依据，同时也可为其他区域的研究提供借鉴。

三、青海物流效率测算与其分解

3.1 指标选取与获取数据

为了分析青海物流业效率，本文遵循指标体系的全面性、代表性、可取性等原则，选取交通运输、仓储和邮政业固定资产投资总额、交通网密度、物流从业人员的收益能力作为投入指标；选取物流业GDP、货运量、货物周转量作为产出指标，如表2-11所示。

表2-11　物流业投入产出指标体系表

指标类型	指标分类	指标名称	指标代码
投入指标	物流基础设施	交通运输、仓储和邮政业固定资产投资总额（亿元）	X_1
		交通网密度（单位面积的公共交通公里数）	X_2
	物流企业能力	物流从业人员的收益能力（从业人员数＊平均收益）	X_3
产出指标		物流业GDP（亿元）	
		货运量（亿吨）	Y_2
		货物周转量（亿吨公里）	Y_3

本文数据来源于2004—2013年《中国统计年鉴》和《青海统计年鉴》。

3.2 实证结果及分析

本文运用DEAP 2.1软件，选用VRS模型，计算青海物流综合技术效率、纯技术效率、规模效率和规模报酬特征。纯技术效率是指决策单元直接投入要素的生产效率。规模效率是指实际规模与生产规模的差异。综合技术效率＝纯技术效率＊规模效率。

通过计算，2004年、2005年、2011年和2013年4年青海物流综合技术效率为1，表示青海物流在这4年的纯技术效率和规模效率均有效，即投入合理，产出效率实现了最大化。2006年、2007年、2008年、2009年、2010年和2012年6年青海物流综合技术效率小于1，表示在这6年青海物流效率没有达到DEA水平有效，物流效率在这6年总体偏低，出现投入冗余或者产出不足的情况。如表2-12所示。

表 2-12　青海 2004—2013 年物流效率评价表

决策单元	综合技术效率	纯技术效率	规模效率	规模报酬特征
DMU1(2004 年)	1.000	1.000	1.000	不变
DMU2(2005 年)	1.000	1.000	1.000	不变
DMU3(2006 年)	0.837	0.912	0.917	递减
DMU4(2007 年)	0.796	0.870	0.914	递减
DMU5(2008 年)	0.907	0.939	0.966	递增
DMU6(2009 年)	0.827	0.858	0.963	递增
DMU7(2010 年)	0.926	0.927	0.999	递减
DMU8(2011 年)	1.000	1.000	1.000	不变
DMU9(2012 年)	0.957	0.957	1.000	不变
DMU10(2013 年)	1.000	1.000	1.000	不变
平均值	0.925	0.946	0.976	

　　进一步分析无效的决策单元，找到投入冗余、产出不足的指标。以 DMU3（2006年）为例，纯技术效率为0.912，规模效率为0.917，进一步计算投入指标交通运输、仓储和邮政业固定资产投资总额冗余6.185；投入指标交通网密度冗余0.02；投入指标物流从业人员的收益能力冗余1.475。产出方面来看，产出指标物流业GDP产出可以增产1.315；产出指标物流货运周转量可以增产51.014。

表 2-13　青海 2006 年物流业效率投入产出详细评价表

指　标	原始值	投入冗余值	产出不足值	达到 DEA 有效的目标值
产出指标 Y_1	34.920	0.000	1.315	36.235
产出指标 Y_2	0.727	0.000	0.000	0.727
产出指标 Y_3	144.200	0.000	51.014	195.214
投入指标 X_1	70.400	−6.185	0.000	64.215
投入指标 X_2	0.071	−0.006	−0.014	0.051
投入指标 X_3	5.584	−0.491	−0.984	4.109

从投入产出因素方面来看，投入方面固定资产投资总额冗余时期较多，产出方面青海物流GDP不足时期较多，物流周转量次之。从年份方面来看，2004、2005年无冗余和不足，说明这2年青海物流投入产出合理，具有较好的物流效率；2006—2010年物流投入冗余和产出不足时期较多；2011—2013年投入产出相对平稳，其中2011、2013年投入产出合理，物流效率较好。如表2-14所示。

表2-14　青海2004—2013年物流要素投入冗余和产出不足评价表

年份	产出指标	产出指标	产出指标	投入指标	投入指标	投入指标
2004	0.000	0.000	0.000	0.000	0.000	0.000
2005	0.000	0.000	0.000	0.000	0.000	0.000
2006	1.315	0.000	51.014	−6.185	−0.020	−1.475
2007	0.234	0.000	61.604	−11.094	−0.021	−1.653
2008	8.361	0.072	0.000	−6.334	−0.012	−0.752
2009	5.072	0.049	0.000	−17.630	−0.013	−1.453
2010	0.000	0.055	7.018	−10.629	−0.007	−1.034
2011	0.000	0.000	0.000	0.000	0.000	0.000
2012	0.301	0.000	3.200	−5.132	0.000	0.000
2013	0.000	0.000	0.000	0.000	0.000	0.000

由此可见，近几年青海物流业的投入产出效率总体上还是比较合理的，平均综合技术效率0.925，平均纯技术效率0.946，平均规模效率0.976，综合效率较高，并呈波动发展趋势。

四、青海物流效率影响因素分析

4.1 Tobit模型构建与指标选取

本文将青海省2004—2013年物流效率作为因变量Y，进一步分析影响青海省物流效率的因素。由于计算得到的物流业效率值不小于0，属于受限因变量，我们借鉴现有的研究成果，采用通常处理限值因变量的Tobit模型[8]，G为表示经济水平的青海省国内生产总值；J为表示人力资源的大专及以上人数占地区总受教育人数比重；W为表示外商投资的实际利用外商总额；D为表示产业结构的第三产业产值占地区国内生产总值的比重；Z为表示城镇化水平的城镇人口占总人口的比重；L为表示物流业资源利用率的单位公路、铁路货运量（万吨/公里）；S为表示物流业专业化程度的青海省物流产值占全部比重。如表2-15所示。

表2-15　影响因素变量描述

影响因素	定　义		单　位
经济水平	国内生产总值	G	亿元
人力资源	大专及以上人数占地区总受教育人数比重	J	%
外商投资	实际利用外商总额	W	万美元
产业结构	第三产业产值占地区国内生产总值的比重	D	%
城镇化水平	城镇人口占总人口的比重	Z	%
物流业资源利用率	单位公路、铁路货运量（万吨/公里）	L	万吨/公里
物流业专业化程度	青海省物流产值占全部比重	S	%

4.2 获取数据

本文数据来源于2004—2013年《中国统计年鉴》和《青海统计年鉴》实证结果及分析，本文运用Eviews 7.2软件，对建立的Tobit模型进行回归分析，结果如表2-16所示。

表2-16　Tobit 模型回归结果

自变量	系数	标准差	t统计量	显著水平
C	3.05847	3.12029	0.98019	0.43040
G	0.00067	0.00060	0.11267	0.04506
J	0.07253	0.03323	2.18254	0.01608
W	0.00003	0.00001	0.51553	0.06575
D	−0.02476	0.01335	−1.85458	0.02048
Z	0.07238	0.10801	0.67013	0.05718

自变量	系数	标准差	t统计量	显著水平
L	0.04676	0.01113	4.20328	0.04220
S	0.18937	2.90373	0.40960	0.03218

回归结果显示：

（1）青海经济水平G的显著水平小于0.05，系数为正，这表明随着青海省GDP的增长，对物流业效率有提高作用，但系数仅为0.00067，影响程度有限；

（2）人力资源J的正向影响在统计上显著水平小于0.05，这表明随着青海大专及以上人数占地区总受教育人数比重的提高，参与物流行业的人员素质也不断提高，这加速了物流行业的现代化和技术发展，高素质人才对物流业效率的提高起到积极的作用；

（3）外商投资的W的回归系数为0.00003，统计上不显著，因此，利用外资能够加快地区经济的发展，促进地区物流货运量的增加，但该正向影响尚不显著；

（4）产业结构D的显著水平为小于0.05，单回归系数为负数。这表明青海省第三产业不能直接影响青海物流业的增长，根据青海的产业结构分析，青海目前主要以制造业、农业为主，物流业主要完成农业和工业的原材料和成品的仓储、配送和运输业务，而与第三产业的相关性较低；

（5）城镇化水平Z的回归系数为0.07238，但显著水平大于0.05。城镇化水平越高，交通、仓储、设备等基础设施的条件就越好，物流运营成本就越低，物流总量相应会提高。但是这个影响不显著；

（6）物流业资源利用率L的回归系数为正，显著小于0.05，影响显著。青海省物流业资源利用率提高一个点，物流效率将提高0.04676。提高青海公路、铁路等物流资源的利用率，能够降低物流成本，从而提高物流效率；

（7）物流业专业化程度S的系数为0.18937，显著水平小于0.05. 这表明，青海省物流单位专业化程度的增加将使物流业效率提高0.18937。青海省物流业集中程度专业化水平越高，其物流业熟练程度和比较优势越明显，生产效率也就越高。

五、结论与建议

5.1 结论

本文通过DEA模型分析青海2004—2013年物流效率，并通过Tobit模型分析青海物流效率影响因素，得到以下主要结论：

（1）2004—2013年，青海物流业的规模报酬呈现波动趋势，综合技术效率较高，这需要青海在考虑物流规模扩大的同时，兼顾效益和质量目标，以达到投入和产出合理化，并呈现上升的趋势；

（2）对青海2004—2013年物流效率的影响程度进行分析，最显著的影响因素是物流业资源利用率、物流业专业化程度和人力资源；生产总值对青海物流效率的影响显著，但程度有限；外商投资和城镇化水平的影响不显著；产业结构中第三产业的比重提升不能提升青海物流效率。

5.2 建议

根据以上结论，为了更好地提高青海物流效率，提出如下建议：

（1）资源整合，提高青海物流业的资源利用率和物流产值

在丝绸之路经济带的总体规划和宏观管理下，加快推进青海省公路、铁路等物流资源的整合，优化各区域布局。并不断进行体制机制创新，完善业务流程与供应链体系，提供增值服务，从而降低物流成本，促进青海物流业的资源利用率和物流产值的提升；

（2）加强青海物流业人力资源储备

政府、行业协会、企业和学校共同育人，政府出台相关政策鼓励校企合作培育人才，行业协议起到组织协调作用，物流企业要主动肩负培养物流人才的任务，共同提高物流人才培养质量，逐年培养一批具有高素质、高技能的高职、本科、硕士和博士人才，为物流业的改革和创新储备人力

资源，提高高端人才的人数和对物流业的贡献度；

（3）加快物流基础设施建设

借助丝绸之路经济带的发展契机，发展青海物流集疏运体系，重视公路、铁路和航空的衔接，并合理布局建设物流园区，形成完善的物流网络，提高物流货运量和周转量；

（4）提高物流技术，加快信息化建设

将创新创业运用于物流业，鼓励技术创新，提高物流科技投入，引进国内外先进的技术和管理理念，大力发展物流信息技术，开发信息平台和系统，并和大通关系统、检验检疫等系统衔接，实现物流一体化。

参考文献

[1]袁丹，雷宏振.丝绸之路经济带物流业效率及其影响因素[J].中国流通经济，2015（2）：14-20.

[2]贺竹磐、孙林岩.我国区域物流相对有效性分析[J].科研管理，2006（11）：144-150.

[3]吴旭晓.经济大省物流业效率动态演化及其影响因素[J].中国流通经济，2015（3）：24-31.

[4]田丽.基于DEA模型的河南省物流产业效率评价[J].物流技术，2015（1）：161-164.

[5]杨莹、车阿大.基于DEA的青海物流园区企业绩效评价研究[J].青海社会科学，2012（4）：70-74.

[6]杨莹.青海省物流业与制造业联动效率测度研究[J].青海社会科学，2014（4）：197-204.

[7]邵金菊，王培.中国软件服务业投入产出效率及影响因素实证分析[J].管理世界，2013（7）：176-177.

[8]Andersen P.，Petersen N. C.. A Procedure for Ranking Efficient Units in

Data Envelopment Analysis[J].Management Science，1993,39（10）：1261-1264.

[9]Caves D.W.，Christensen L.R.，Diewert W. E.. The Economic Theory of Index Numbers and the Measurement of Input, Output and Productivity [J]. Econometrica，1982,50（6）：1393-1414.

[10]刘艳.基于DEA的区域物流供求关系研究[D].北京：北京交通大学，2009.

[11]魏权龄.评价相对有效性的数据包络分析模型——DEA和网络DEA[M].北京：中国人民大学出版社，2012.

第三章　城市物流业发展

第一节　珠海物流业效率评价与发展策略

一、引言

2019年2月18日，国务院印发了《粤港澳大湾区发展规划纲要》，提出建设具有重要影响力的国际交通物流枢纽，"物流"一词在纲要中提及16次，粤港澳大湾区发展物流业具有非常重要的意义。纲要指出，将建设世界级港口群和机场群，推进大湾区交通错位发展和良性互动。进一步扩大湾区的境内外航空网络，积极推动开展多式联运代码共享。以沿海主要港口为重点，完善内河航道与疏港铁路、公路等集疏运网络。

粤港澳大湾区在目前全球4个世界级湾区中经济体量最大，经济总量超1.4万亿美元。其覆盖广州、深圳、珠海、佛山、惠州、东莞等9个地市和香港、澳门两个特别行政区，辐射拥有全国约1/5国土面积、1/3人口和1/3以上经济总量的"泛珠"区域，为物流业提供了优越的发展条件和基础。作为湾区经济带，物流业建设发展自然是粤港澳大湾区建设的题中应有之义。粤港澳大湾区拥有天然良港，物流业优势明显，拥有世界上最大的海港群和空港群。

2018年10月，港珠澳大桥通车，珠海成为唯一与香港、澳门陆路连接的城市，物流区位优势显著。珠海物流业发展迅猛，2018年珠海港集装箱吞吐量增速超全国23港口，排名第一；港口货物吞吐量1.3亿吨，同比增长15.3%，在全国亿吨级沿海主要港口中增速名列第二。港珠澳大桥开通为珠海的整体发展带来了机遇，它的开通使得香港、澳门到珠海的车程大大缩短，由原来的四个小时缩短为一个小时，通行时长的缩短势必会激活珠海物流快速发展，有利于打通制约珠海物流发展的瓶颈，这将对珠海能否抓住新机遇具有重要意义。

对于珠海市现代物流行业而言，物流总费用占国民经济比例较高，物流效率低，供给结构性矛盾突出，服务内容与质量有待升级，开放创新理念不足等问题突出。在粤港澳大湾区建设背景下，珠海处于提升现代物流效率的关键时期，如何提升珠海现代物流的效率，打造"粤港澳大湾区物流枢纽"，成为珠江口西岸核心城市和沿海经济带物流高质高效发展的典范，从而促进粤港澳大湾区的大流通发展，是政府、企业和学者关注的重点。

通过构建粤港澳大湾区背景下珠海提升现代物流效率的指标体系，根据2009—2018年珠海市现代物流效率的面板数据开展实证研究，分析珠海市提升现代物流效率的影响因素，从而提出珠海市发展现代物流业的有效策略和路径。对于政府制定推动珠海市乃至粤港澳大湾区国际航运枢纽、交通枢纽等政策提供理论支持和决策依据。

二、文献综述

理论研究方面主要是对物流效率的影响因素进行了研究。孙妙青（2018）从宏观因素、产业因素、物流基础设施与信息化水平三个方面对广东省物流效率的影响因素进行了简析。[1]胡宸（2020）基于共同物流大环境，以生鲜农产品物流运输为例，分析其物流效率低的影响因素主要为：物流运输主体较为分散、物流配套设施相对落后、利益分配不均衡、配送模式较为零散、信息共享较为落后。[2]实证研究方面，张有洋等（2020）运用DEA-Malmquist指数法和Tobit模型分析了物流效率和影响因素，研究结果表明河西走廊物流业整体水平较低，技术进度率低下和基础设施匮乏是制约发展的重要因素。[3]王琴梅、谭翠娥（2013）运用DEA模型对西安市2003—2010年的物流效率进行分析，研究发现西安市整体物流效率较高，且与经济发展水平（GDP）、区位优势、物流资源利用率和市场化程度呈正相关，其中物流资源利用率和市场化程度对物流效率的影响程度更深。[4]王博、祝宏辉等（2019）采取三阶段DEA方法，对2010—2016年我国"一带一路"沿线区域及其他地区的物流业效率进行分析和对比，结果显示：我国"一带一路"沿线地区物流业发展受外部环境影响较大，不同区域物流业效率差异较大，整体发展水平不高；纯技术效率呈现上升趋势，而规模效率整体呈现小幅下降趋势；且"一带一路"沿线地区物流业发展情况落后于其他地区，并未体现出明显的发展优势。[5]秦雯（2020）运用三阶段DEA模型对粤港澳大湾区物流效率进行评价，并从实践和空间两个维度进行分析，提出推动物流一体化协同发展、创新驱动物流业优化升级、加快外向型经济发展等发展路径。[6]仲云云、周雨倩（2020）基于超效率DEA模型对长江经济带物流效率进行了实证分析，研究发现长江经济带物流效率发展水平整体得到提高；上中下游物流效率发展不平衡，下游遥遥领先于中上游；11个省（市）的物流效率水平差异显著，部分经济发达省（市）的物流效率不进反退。[7]

　　总之，在物流效率研究方面，对于物流效率的研究主要分为理论研究和实证研究，理论研究相对较少，实证研究相对较多，且大多数学者在实证研究方面都是基于DEA模型来分析物流效率。基于中国知网进行搜索，基于SE-DEA和Tobit模型相结合的方法，针对粤港澳大湾区背景下珠海市现代物流业和影响因素的分析比较少见，因此本文就粤港澳大湾区背景下珠海市现代物流业效率及其影响因素进行实证研究。

三、研究方法

　　本文采取了SE-DEA和Tobit相结合的研究方法，通过SE-DEA模型分析珠海市现代物流效率。传统的DEA模型用于评价多项投入和多项产出的决策单元的相对有效，以构建出一条非参数的DEA前沿面的程度评价相对有效性。然而，通过DEA模型评价决策单元效率时，有时会出现多个

DMU相对有效，从而无法进一步评价和比较这些相对有效的DMU。本项目选用了Andersen等提出的SE-DEA模型细化DEA的评价结果，对相对有效的多个DMU进一步进行评价与比较，从而对粤港澳大湾区背景下珠海发展物流效率进行排序。通过Tobit模型分析珠海市现代物流效率的影响因素。将粤港澳大湾区背景下珠海市现代物流效率作为因变量，进一步分析影响珠海市物流效率的因素。

四、投入产出指标与数据来源

投入指标选取了交通运输、仓储和邮政业固定资产投资额（亿元）、交通运输、仓储和邮政业从业人员（万人）、公路密度；产出指标选取货运量（亿吨）、货物周转量（亿吨公里）、交通运输、仓储和邮政业生产总值（亿元），数据取自2009—2018年《珠海统计年鉴》。投入和产出指标表详见表3-1。

表3-1　投入和产出指标表

指标类型	指标名称
投入指标	交通运输、仓储和邮政业固定资产投资额（亿元）
	交通运输、仓储和邮政业从业人员（万人）
	公路密度
产出指标	货运量（亿吨）
	货物周转量（亿吨公里）
	交通运输、仓储和邮政业生产总值（亿元）

五、珠海现代物流效率评价

利用DEAP 2.1软件对样本数据进行计算，得到了珠海市现代物流综合技术效率、纯技术效率和规模效率。计算结果详见表3-2，2009年、2010年、2016年、2018年珠海市物流综合技术效率大于1，这说明这4年的纯技术和规模效率有效，效率达到最优。2011年、2012年、2013年、2014

年、2015年和2017年的综合技术效率小于1，说明这4年没有达到DEA有效，总体效率较低，投入冗余或者产出不足。

表3-2 珠海市现代物流业效率评价结果

决策单元	综合技术效率	纯技术效率	规模效率	规模报酬特征
DMU1(2009)	1.293862	1.362796	0.949417	递增
DMU2(2010)	1.125845	2.36886	0.475269	递减
DMU3(2011)	0.933838	0.984119	0.948908	递增
DMU4(2012)	0.854574	0.955491	0.894382	递增
DMU5(2013)	0.911975	0.986273	0.924668	递增
DMU6(2014)	0.971276	1.008927	0.962681	递增
DMU7(2015)	0.90811	0.997342	0.91053	递增
DMU8(2016)	1.13997	1.364229	0.835615	递减
DMU9(2017)	0.982349	1.037393	0.94694	递增
DMU10(2018)	1.204679	1.021017	1.179881	递减
平均值	1.0326478	1.2086447	0.9028291	

从投入产出因素方面来看，投入指标方面珠海市固定资产投资额、从业人员和公路密度三个指标的投入冗余时期都较多，产出指标方面货运周转量和物流业GDP产出不足时期较多。总体来看，珠海市现代物流业相关指标除2018年投入不足外，其他年份都存在冗余现象，说明珠海市整体还处于大发展的时期，各种方向资金投入相对比较充足。而产出方面基本每年都有指标可以优化多产出一些，说明珠海市物流业的整体发展还有提升空间，还在发展壮大阶段，只要优化配置，协调发展，物流业相关产业产出会更加增加，详见表3-3。

表3-3 2009—2018年珠海市现代物流业要素投入冗余和产出不足评价表

年份	产出指标 Y1	产出指标 Y2	产出指标 Y3	投入指标 X1	投入指标 X2	投入指标 X3
2009	0.00	11.12	0.02	8.74	−0.06	−0.03
2010	527.22	0.00	1.88	−6.86	0.18	0.09

年份	产出指标 Y1	产出指标 Y2	产出指标 Y3	投入指标 X1	投入指标 X2	投入指标 X3
2011	98.61	39.06	0.00	−3.07	−0.26	−0.05
2012	0.00	39.27	5.21	−31.33	−0.26	−0.12
2013	0.00	16.93	14.24	−13.14	−0.20	−0.07
2014	0.00	9.17	14.03	−4.76	−0.13	−0.02
2015	0.00	13.33	5.58	−18.90	−0.29	−0.08
2016	0.00	47.59	0.00	17.25	−0.08	0.12
2017	0.00	33.29	2.09	−60.17	−0.17	−0.02
2018	1069.86	0.00	0.00	46.15	0.39	0.19

由此可见，近几年珠海市物流业的投入产出效率总体上相对合理，平均技术效率达1.03，平均纯技术效率达1.21，平均规模效率达0.90，综合效率较高。

六、珠海现代物流效率影响因素分析

选取2009—2018年的数据，将珠海市物流业效率作为因变量Y，进一步分析影响珠海现代物流业效率的因素。由于计算得到的物流业效率值不小于0，属于受限因变量，我们借鉴现有的研究成果，采用通常处理限值因变量的Tobit模型。G为城市地区生产总值（亿元）；J为表示物流固定资产投资占全社会固定资产投资的比例（%）；W为信息传输、软件和信息技术服务业占全社会固定资产投资的比例（%）；D为海关进出口总额（万美元）；Z为地区居民年度实际支出（万元）。如表3-4所示。

表3-4　影响因素变量表

影响因素	定义变量描述	代码	单位
经济水平	城市地区生产总值	G	亿元
政府支持	物流固定资产投资占全社会固定资产投资的比例	J	%
科技投入	信息传输、软件和信息技术服务业占全社会固定资产投资的比例	W	%
外贸水平	海关进出口总额	D	万美元

续　表

影响因素	定义变量描述	代码	单位
地区居民消费支出	地区居民年度实际支出	Z	万元

采用Eviews 7.2软件，对建立的Tobit模型进行回归分析，结果如表3-5所示。

表 3-5　Tobit 模型回归结果

自变量	系数	标准误差	t 统计量	显著水平
G	0.000251	0.000429	0.584847	0.584
J	0.003063	0.016518	1.854357	0.01229
W	0.270799	0.144376	1.875656	0.01195
D	0.000891	0.000792	1.125819	0.3114
Z	0.487371	0.443348	1.099297	0.03217

回归结果显示：

1.经济水平方面，珠海市生产总值G的显著水平大于0.05，系数为正数，说明珠海市生产总值越高，现代物流业效率会随着提高，但影响不显著；

2.政府支持力度方面，物流业固定资产投资占全社会固定资产投资的比例J的显著水平小于0.05，系数为正数，影响显著，但系数较小，影响程度有限；

3.科技投入方面，信息传输、软件和信息技术服务业占全社会固定资产投资的比例W的显著水平小于0.05，系数为正数，说明科技投入提高1，物流效率将提高0.27，科技水平有效提升物流效率和能力；

4.外贸水平方面，海关进出口总额D的显著水平大于0.05，系数为正数，说明外贸进出口额度越高，物流效率会随着提高，但影响不显著；

5.地区居民消费支出方面，地区居民年度实际支出Z的显著水平小于0.05，且系数为正数，影响显著。说明地区居民年度支出增加1，物流效率提高0.487，随着网购、外卖等业务的兴起，居民支出方式发生很大改变，物流效率越来越影响人们的生活，随着居民消费支出的增加，也促进珠海市物流效率的发展。

七、结论与建议

本文运用超效率数据包络模型对珠海市近10年的现代物流业数据进行分析，结果显示，珠海现代物流业的综合效率较高，但呈现波动状态，其中，影响显著的因素有科技投入和地区居民消费支出，影响程度有限的因素有政府支持，而经济水平、外贸水平等外部因素对珠海现代物流业效率的影响不显著。

根据实证分析的结果，为了更好地提高珠海现代物流业的效率，使得珠海逐步成为粤港澳大湾区下的物流重要节点城市，提出几点建议如下：

第一，抓住粤港澳大湾区发展的机遇，推进港珠澳大桥和市腹地公路、铁路、航空的衔接，加快基础设施建设。

第二，资源整合，提高珠海市物流业的资源利用率和产值。物流企业始终推进供给侧结构性改革，加快推进珠海水路、公路、铁路等物流资源整合利用以及和横琴自贸区联动发展，实现高效衔接。并不断进行体制机制创新，拓展全程物流服务和供应链体系，提供服务价值高的总包服务，从而促进盈利水平和物流产值的提升。

第三，通过政策扶持和商贸合作提高外贸水平。与"一带一路"沿线国家进行经贸合作，并抓住粤港澳大湾区建设和港珠澳大桥通车的契机，加快中拉合作、跨境电子商务综合试验区等的建设，打造外贸新业态。

第四，加快信息化建设，积极探索智能式物流。实施"互联网+"计划，将大数据、物联网、移动互联网等先进技术运用于物流业，建成便捷、安全、透明、高效的物流综合信息平台，引进国内外先进的智能化技术和管理经验，打造智慧式物流。

参考文献

[1] 孙妙青. 广东省物流效率影响因素分析与效率提升对策建议[J]. 智库时代，2018（49）：120+125.

[2] 胡宸. 生鲜农产品物流效率影响因素与提升模式[J]. 现代营销（下旬刊），2020（4）：139-140.

[3] 张有洋，朱昌锋，王庆荣. 丝绸之路河西走廊物流业效率演化分析[J]. 物流技术，2020,39(3):60-66.

[4] 王琴梅，谭翠娥. 对西安市物流效率及其影响因素的实证研究——基于DEA模型和Tobit回归模型的分析[J]. 软科学，2013，27（5）：70-74.

[5] 王博，祝宏辉，刘林. 我国"一带一路"沿线区域物流效率综合评价——基于三阶段DEA模型[J]. 华东经济管理，2019，33（5）：76-82.

[6] 秦雯. 粤港澳大湾区物流业效率的时空演化及提升路径[J]. 中国流通经济，2020,34(9):31-40.

[7] 仲云云，周雨倩. 基于超效率DEA模型的长江经济带物流效率实证分析[J]. 物流工程与管理，2020，42（2）：13-14+25.

第二节　珠海港口物流业效率评价与发展策略

一、引言

2017年7月，国家发改委和粤港澳三地政府签署了《深化粤港澳合作推进大湾区建设框架协议》[1]，2017年底，港珠澳大桥主体工程全线贯通[2]，珠海将成为全国唯一与港澳陆地相连的湾区城市，必将成为重要的物流节点。近年来，珠海港不断加快基础建设，完善港口设施，扩展航线通道，拓宽国际朋友圈，港口规模持续增长，发展态势良好。珠海港通过粤西沿海高速公路、高栏港高速、广珠铁路等组成的港口集疏运体系与珠三角地区形成2小时经济圈。然而，过往实践中，珠海港口物流基础设施逐步扩大而忽略港口物流发展效率的现象较为突出，从而处于"高成本、低效率"的状态。2015年11月，习近平总书记提出要加快供给侧结构性改革以来，国民经济各行业围绕供给侧结构性改革开展了优化产业结构、产品结构、分配结构、流通结构、消费结构的探索。"十三五"期间，珠海也出台了《珠海市供给侧结构性改革总体方案（2016—2018年）》的政策。对于珠海港口物流而言，物流总费用占国民经济比例较高，物流供给侧结构性矛盾突出。珠海将打造粤港澳大湾区西岸核心港口城市，迫切需要提高珠海港口物流业效率。那么，本文提出研究珠海港口物流业效率水平，找出影响珠海港口物流业效率的影响因素，并针对性地提出建议。

二、文献综述

近年来港口物流效率评价是学者们研究的热点。

供给侧改革下的物流效率理论研究方面，匡海波等[3]认为港城分离是解决港口供给侧问题的关键突破口，从而提高港口物流效率。闫琰等[4]认为企业需要通过引进先进的物流技术与物流设备、改革企业业务流、进一步完善企业制度、进军国际市场和化解过剩产能几个方面提高物流效率。另外，史锦梅（2016）[5]、王娟娟（2017）[6]和倪卫红（2018）等[7]也从物流基础设施、技术水平、高质量的服务、人才结构等方面提出影响物流效率的因素。

供给侧改革下的物流效率实证研究方面，丁海宁等[8]（2016）通过数据包络分析，认为供给侧改革强调结构优化、服务能力增强、效率提升，应从完善物流基础设施、建设全区信息服务平台、优化物流网络布局、多部门协同、发展航空物流五个方面提升全区物流效率。倪超军等[9]（2016）利用生产前沿模型，认为重点应从产业结构、创新环境以及物流专业化程度3个方面开展物流业的供给侧改革。刘丽波等[10]（2018）运用DEA-BCC模型对我国31个省份的投入产出效率进行分析，提出增加有效供给、降低企业税收、转变传统流通业发展模式的发展建议。肖斌等[11]（2018）运用DEA模型对广东地区物流效率进行评价，将珠三角、东西两翼及山区进行了差异分析，并从宏观层面、产业层面、企业层面和政策层面进行了影响因素剖析。另外，王琴海（2013）、王蕾（2014）、倪明（2015）和袁丹（2015）等通过投入指标和产出指标进行了DEA实证研究。

可见，国内外学者对物流效率的研究已经取得了丰硕的成果，但基于中国期刊全文数据库（2008—2018）的搜索发现，基于供给侧改革背景下的珠海港口物流效率及影响因素的研究鲜见。本文综合目前的研究成果，运用SE-DEA和Tobit模型，分析近十年珠海港口物流的数据，研究珠海港口物流业效率和影响因素，为珠海港口物流业提出建议和参考。

三、SE-DEA效率分析

投入指标选取了铁路货运量、公路货运量、港口码头泊位、港口万吨级泊位、码头泊位长度；产出指标选取港口货物吞吐量、港口集装箱吞吐量，数据取自2007—2016年《珠海统计年鉴》。投入和产出指标表详见表3-6所示。

表 3-6　投入和产出指标表

指标类型	指标分类	指标名称	指标代码
投入指标	集疏运能力	铁路货运量（万吨）	X_1
		公路货运量（万吨）	X_2
	港口物流基础设施	港口码头泊位（个）	X_3
		港口万吨级泊位（个）	X_4
		码头泊位长度（米）	X_5
产出指标		港口货物吞吐量（亿吨）	Y_1
		港口集装箱吞吐量（万标箱）	Y_2

利用DEAP 2.1软件对样本数据进行计算，得到了珠海港口物流综合技术效率、纯技术效率和规模效率。计算结果详见表3-7，2007年、2011年、

2012年、2013年、2015年和2016年6年珠海港口物流综合技术效率等于
1，这说明这6年的纯技术和规模效率有效，效率达到最优。2008年、2009
年、2010年和2014年的综合技术效率小于1，这4年没有达到DEA有效，
总体效率较低，投入冗余或者产出不足。

表3-7　珠海港口物流业效率评价结果

决策单元	综合技术效率	纯技术效率	规模效率	规模报酬特征
DMU1(2007)	1.000	1.000	1.000	不变
DMU2(2008)	0.922	1.000	0.922	递增
DMU3(2009)	0.758	1.000	0.758	递增
DMU4(2010)	0.883	1.000	0.883	递增
DMU5(2011)	1.000	1.000	1.000	不变
DMU6(2012)	1.000	1.000	1.000	不变
DMU7(2013)	1.000	1.000	1.000	不变
DMU8(2014)	0.955	0.960	0.995	递增
DMU9(2015)	1.000	1.000	1.000	不变
DMU10(2016)	1.000	1.000	1.000	不变
平均值	0.952	0.996	0.956	

　　从投入产出因素方面来看，投入方面港口物流基础设施冗余时期较
多，产出方面港口集装箱吞吐量不足时期较多。2007年、2008年无冗余
和不足，这表明该年份珠海港口物流投入产出相对合理，物流效率较高；
2009年、2010年投入冗余和产出不足的时间较多；2011—2013年和2015—
2016年投入产出比较平稳；2014年出现较大波动。详见表3-8所示。

表3-8　2007—2016年珠海港口物流业要素投入冗余和产出不足评价表

年份	产出指标 Y_1	产出指标 Y_2	投入指标 X_1	投入指标 X_2	投入指标 X_3	投入指标 X_4	投入指标 X_5
2007	0.000	0.000	0.000	0.000	0.000	0.000	0.000
2008	0.000	0.000	0.000	0.000	0.000	0.000	0.000
2009	0.000	9.663	0.000	−2281.016	−2.653	−2.326	−856.547

年份	产出指标 Y_1	产出指标 Y_2	投入指标 X_1	投入指标 X_2	投入指标 X_3	投入指标 X_4	投入指标 X_5
2010	0.000	3.834	0.000	−1141.517	−3.440	−1.720	−851.390
2011	0.000	0.000	0.000	0.000	0.000	0.000	0.000
2012	0.000	0.000	0.000	0.000	0.000	0.000	0.000
2013	0.000	0.000	0.000	0.000	0.000	0.000	0.000
2014	0.000	9.277	−45.375	−1830.428	−11.652	−1.607	−711.256
2015	0.000	0.000	0.000	0.000	0.000	0.000	0.000
2016	0.000	0.000	0.000	0.000	0.000	0.000	0.000

由此可见，近几年珠海港口物流业的投入产出效率总体上相对合理，平均综合技术效率达0.952，平均纯技术效率达0.996，平均规模效率达0.956，综合效率较高。

四、Tobit 影响因素分析

选取2007—2016年的数据，将珠海港口物流业效率作为因变量Y，运用Tobit模型，各影响的定义变量描述详见表3-9所示，采用Eviews 7.2软件，对建立的Tobit模型进行回归分析结果如表3-10所示。

表3-9　影响因素变量

影响因素	定义变量描述		单位
经济水平	港口城市 GDP	G	万元
固定资产	港口城市固定资产投资额	J	万元
城镇化水平	常驻人口城镇化比重	W	%
产业结构	第三产业产值占比	D	%
物流业资源利用率	单位公路、铁路货运量	Z	万吨 / 公里
外贸水平	海关进出口总额	L	万美元
外商投资	实际利用外资总额	S	万元

表 3-10　Tobit 模型回归结果

自变量	系数	标准误差	t 统计量	显著水平
G	0.00022	0.00010	2.10410	0.17000
J	0.00028	0.00015	1.92737	0.01938
W	0.55456	0.10784	5.14225	0.35800
D	0.40341	0.16271	2.47933	0.13140
Z	0.041	0.00018	2.255895	0.01527
L	0.0577	0.00294	1.96284	0.03413
S	−0.00005	0.00003	−1.85711	0.20440

回归结果显示：

（1）港口城市 GDP G 的显著水平大于 0.05，系数为正数，说明港口城市生产总值越高，港口物流效率会随着提高，但影响不显著；

（2）港口城市固定资产投资额 J 的显著水平小于 0.05，系数为正数，影响显著，但系数较小，影响程度有限；

（3）常驻人口城镇化比重 W 的显著水平大于 0.05，系数为正数，说明城镇化比重越高，港口物流效率会随着提高，但这个影响不显著；

（4）第三产业产值占比 D 的显著水平大于 0.5，系数为正数，说明第三产业产值占比越高，港口物流效率会随着提高，但影响不显著；

（5）单位公路、铁路货运量 Z 的显著水平小于 0.05，且系数为正数，影响显著。单位公路、铁路货运量增加 1，港口物流效率提高 0.041，提高广珠铁路、高速公路以及港珠澳大桥等物流资源的利用率，能够降低物流成本，从而提高港口物流效率；

（6）海关进出口总额 L 的系数为正数，显著水平小于 0.05，影响显著。海关进出口总额提高 1，港口物流效率将提高 0.0577，珠海要加强横琴自贸片的商贸发展，搭建粤港澳合作平台，促进自由贸易，提升海关进出口总额，从而提高港口物流货运量；

（7）实际利用外资总额 S 的系数为负数，说明相关性较低，这表明港口物流效率与城市是否较好地利用外资关联较小。

五、结论与建议

本文运用超效率数据包络模型对珠海市近十年的港口物流数据进行分析，结果显示，珠海港口物流业的综合效率较高，但呈现波动状态，其中，影响显著的因素有物流业资源利用率和外贸水平，影响程度有限的因素有固定资产，而经济水平、城镇化水平、产业结构等外部因素对珠海港口物流效率的影响不显著。

根据实证分析的结果，为了更好地提高珠海港口物流效率，使得珠海逐步成为粤港澳大湾区下的物流重要枢纽，提出几点建议如下：

第一，抓住粤港澳大湾区发展的机遇，推进港珠澳大桥和港口腹地公路、铁路、航空的衔接，加快基础设施建设。第二，资源整合，提高珠海港口物流业的资源利用率和产值。珠海港集团等港口物流企业始终贯彻供给侧改革，加快推进珠海水路、公路、铁路等物流资源整合利用，和横琴自贸区联动发展，实现高效衔接。不断进行体制机制创新，拓展全程物流服务和供应链体系，提供服务价值高的总包服务，从而促进盈利水平和物流产值的提升。第三，通过政策扶持和商贸合作提高外贸水平。与"一带一路"沿线国家进行经贸合作，并抓住粤港澳大湾区建设和港珠澳大桥通车的契机，加快中拉合作、跨境电子商务综合试验区等的建设，打造外贸新业态。第四，加快信息化建设，积极探索智能港口物流。实施"互联网+"计划，将大数据、物联网、移动互联网等先进技术运用于港口物流业，建成便捷、安全、透明、高效的港口物流综合信息平台，引进国内外先进的智能化技术和管理经验，打造智慧港口。

参考文献

[1]李莹亮."狮子山精神2.0"——记香港新一代的科技创业家[J].科技与

金融,2018(6):16-18.

[2] 陈新年."超级工程"实现"六个最"[N].珠海特区报,2018-01-05.

[J]. African Journal of Business Management, 2012, 14(6):1281-1293.

[3] 匡海波,邓顺江,贾鹏,刘天寿,汤霞.基于港城分离的中国港口供给侧改革研究[J].科研管理,2017(4):54-64.

[4] 闫琰.供给侧改革背景下物流业发展对策研究[J].价格月刊,2016(9):91-94.

[5] 史锦梅.我国物流企业供给侧结构性改革的应对之策[J].中国流通经济,2016(8):22-27.

[6] 王娟娟."一带一路"经济区新兴产业流通服务供给侧结构性改革探索[J].中国流通经济,2017(1):14-22.

[7] 倪卫红,陆天鹏,岳晓伟.长江经济带与"一带一路"对接下沿线省市物流效率提升策略研究[J].商业经济研究,2018(5):113-116.

[8] 丁海宁,胡小建,杨海洪.供给侧改革背景下宁夏物流效率提升路径研究[J].北方民族大学学报(哲学社会科学版),2016(5):138-140.

[9] 倪超军,李俊凤.供给侧改革视角下我国物流业的技术效率评价——基于生产前沿模型和β收敛的实证[J].工业技术经济,2016(12):115-122.

[10] 刘丽波,李苏.供给侧改革下我国流通业投入产出效率评价——基于政府统计数据和DEA分析法[J].商业经济研究,2018(6):173-175.

[11] 肖斌,程晓静.广东省物流业区域效率差异与影响因素分析[J].商业经济研究,2018(2):85-88.

第三节 珠海海铁联运发展的评价与影响因素

一、引言

在国家"一带一路"战略背景下，2015年6月3日广东省率先全国出台了《广东省参与建设"一带一路"的实施方案》，其中，珠海市在21世纪海上丝绸之路建设中已抢占先机。珠海已与巴基斯坦瓜达尔市签署了加强友好交流与合作的备忘录，与贵州省合作建设贯通国家大西南区的贵州国际陆港，重点将珠海港建设成为海上通道重要支点。

海铁联运是珠海港集疏运的重要方式之一，发展海铁联运将有助于节约物流成本、拓展珠海港的经济腹地，从而直接影响珠海港的吞吐量和珠海市经济发展。2013年珠海港的吞吐量首次突破1亿大关，然而海铁联运的吞吐量仅有110万吨，仅占集疏运的1%，而国内的一些港口，如大连港等海铁联运占10%，发达国家的港口海铁联运占20%~40%。然而，影响海铁联运发展的因素众多，如经济发展、基础设施建设、信息化服务等多方面，本文通过文献梳理和实地访问调研确定指标体系，基于SPSS的因子分析，厘清各指标之间的内在逻辑关系，掌握目前影响海铁联运的关键因素，以便更加准确地进行海铁联运的投资发展，从而推进珠海港在"一带一路"21世纪海上丝绸之路建设中发挥重要作用，因此，研究珠海港发展海铁联运的影响因素具有实际意义。梳理发展海铁联运影响因素的指标体系，运用因子分析模型分析影响因素的影响程度和变化趋势，为国内外其他港口发展海铁联运提供借鉴，具有十分重要的理论意义。

二、文献综述

迄今为止，国内外对海铁联运的研究已经有了一定的基础。

在发展策略研究方面，以定性研究为主，主要针对全国和地方的港口海铁联运存在的问题进行分析，提出发展对策。刘鹏[1]针对基础设施建设、配套政策及交通管理体制改革、海铁联运企业的市场合作机制和经营体制等影响因素进行分析，提出加快我国海铁联运管理体制改革和配套制度建设的发展策略。李国栋[2]通过对福州港的 SWOT 分析，突出政府加强引导扶持，加强基础设施建设、积极宣传、加大科技投入和加强人才培训等策略。李娇等[3]通过对大连港的 SWOT 分析，提出构建综合信息共享平台、发展服务产品等发展策略。秦雯[4]通过对珠海港的 SWOT 分析，提出了加快内陆无水港体系建设、建设海铁联运信息平台、探索供应链契约创新等发展策略。初良勇等[5]通过对厦门港拓展经济腹地，提出海铁联运策略。

在影响因素研究方面，宗刚[6]提取了 11 个影响因素，通过构建解释结构模型 ISM，挖掘了影响海铁联运的关键因素。范小晶[7]运用系统动力学及建模软件 VENSIM，对福建省湄州湾港进行仿真验证并提出相关建议。张鹏[8]通过运用层次分析法建立递接层次结构模型，从基础设施、管理体制、信息技术、业务服务和集疏运体系五个方面对海铁联运的影响因素进行分析，武慧荣等[9]应用系统动力学理论及方法。通过因果关系图分析了集装箱海铁联运发展、经济发展和运输政策等因果反馈关系，构建了海铁联运系统发展 SD 模型。Fan 等[10]采用线性规划理论，以海铁联运总成本最小为目的函数进行网络优化。

已有的关于海铁联运的相关研究，多基于我国或者某港口存在的问题，围绕海铁联运的影响因素提出发展策略。但是针对影响因素之间的大小，现有的研究还非常缺乏。本文在文献分析的基础上，通过实地走访调研珠海市港口局、珠海市港口协会、广珠铁路物流开发有限公司、广珠铁路物流开发有限公司、珠海市港务有限公司、神华粤电珠海港煤炭码头有限责任公司、珠海港鑫和码头有限公司、珠海秦发港务有限公司等海铁联运相关的关键企业，构建珠海港发展海铁联运的影响因素指标体系，运用 SPSS 进行因子分析，挖掘关键因素，为珠海港海铁联运的投资发展提供了理论依据，为"一带一路"战略的全面实施提供有力保障。

三、因子分析模型说明

因子分析（Factor Analysis）具有适用范围广、客观程度较好、应用难度低、广泛性高的优点，其对数据的精确度要求较高，是将存在一定程度相似性的指标进行整合，最终将若干个小指标糅合成几个大的因子变量即公共因子进行评价分析。公共因子的个数远远少于原始变量的个数，因而公共因子的研究和分析能大大减少工作量，而且对于单纯凭借主观感受选择几个有代表性的因子来评价，因子变量是依据原始变量的信息进行重新构建，而不是对原变量进行取舍，这样可以公平、客观、科学地反映原有变量的大部分信息；公共因子一般不能表示为原始变量的线性组合，不同的因子体现原始变量之间的不同影响关系，从未形成不同的作用过程，因子分析能够使我们从众多的零星因素中找到几个主要的因素，以便利用大量的统计数据进行有效的定量分析，使我们对事物的发展规律有更进一步的了解，从而将研究向更深层次发展。因子分析法能够在保证数据信息丢失最少的情况下，对高维空间变量进行科学合理的降维处理。[11]

它是用较少个数的公共因子的线性函数和特定因子之和来表达原来观测的每个变量，从研究相关矩阵内部的依赖关系出发，把一些错综复杂的变量归纳为少数几个综合因子的一种多变量统计分析方法。当这几个公共因子（或综合因子）的累计方差和（即贡献率）达到85%或95%以上时，就说明这几个公共因子集中反映了研究问题的大部分信息，而彼此之间又不相关，信息不重叠。[12]

一般而言，通过初级变换得到的因子载荷差异不大，含义不明显，实用价值不高。为了更清楚地凸显因子实测变量之间的关系，提高公共因子的解释力，通常需要对因子载荷进行旋转处理，使因子载荷值向0和1两个方向分化。最常用的旋转方法是最大方差旋转法（Varimax）。[13]运用该模型对珠海港发展海铁联运的诸多因子进行具体分析。

四、实证研究

4.1 指标选取与获取数据

影响珠海港发展海铁联运的影响因素众多，各种因素间相互作用，共同影响珠海港海铁联运的发展。基于珠海港海铁联运的特点，如何建立影响珠海港海铁联运发展的指标体系非常重要。本文遵循指标体系的全面性、有针对性、关联性以及可取性等原则，探求数据的可靠性、权威性和实用性，结合实地访问调研的结果，选取了11个珠海港发展海铁联运指标，如表3-11所示。

表 3-11　珠海港发展海铁联运的影响因素一览表

编号	指　标	含　义
X1	港口城市 GDP	GDP 是国民经济核算的核心指标，也是衡量一个地区总体经济状况的重要指标。港口城市的 GDP 影响货物运输量
X2	外贸进出口总额	进出口总额指实际进出国境的货物总金额。外贸进出口总额直接和经济发展水平相关，经济高速发展导致外贸进出口总额增加，从而提高了吞吐量，促进了海铁联运的发展
X3	铁路吞吐量	铁路吞吐量的多少是海铁联运运量增长的保障
X4	港口吞吐量	港口吞吐量的多少是海铁联运运量增长的保障
X5	港口吞吐能力	是指一定时期内为船舶装卸货物所能达到的最大数量，是发展海铁联运的制约因素
X6	全港建设投资	珠海港全部用于建设的投资，是海铁联运的基础
X7	货物通过能力	包括行业作业系统、装卸作业体统、存储分运作业系统、集疏运系统和信息与商务系统的通过能力，任何一个作业系统发生瓶颈，均会影响海铁联运的发展
X8	铁路投资	用于铁路主干线路和疏港线路的资金投入，是海铁联运的基础硬件
X9	政府补贴	政府的补贴有利于吸引货源，提高海铁联运的运量
X10	铁路运费	铁路运费是选择货运方式的关键影响因素，较低的运费可以吸引公路运输转移到铁路运输
X11	信息化建设	通过计算机技术、网络技术和通信技术，提高信息化服务质量，从而提高海铁联运的竞争力

根据以上各指标选取相关数据，数据来源于2010—2014年《珠海市港口公报》《珠海统计年鉴》和实地调研数据。

表 3-12　2010—2014 年珠海港发展海铁联运因子分析数据

年份	X1	X2	X3	X4	X5	X6	X7	X8	X9	X10	X11
2010	0.000	0.000	0.000	0.000	0.736	0.528	0.000	0.000	0.000	0.000	0.000
2011	0.306	0.708	0.000	0.240	1.000	0.617	0.016	0.800	0.000	0.000	0.111
2012	0.460	0.190	0.000	0.364	0.000	0.740	0.624	1.000	0.000	0.000	0.333
2013	0.702	0.928	0.366	0.856	0.000	1.000	0.974	0.889	0.000	1.000	0.611
2014	1.000	1.000	1.000	1.000	0.000	1.000	0.333	1.000	0.960	1.000

4.2 因子分析必要性检验

求得指标体系的相关系数矩阵，如表3-13所示。各指标间存在较大的相关性，因此说明变量间有进行分子分析的必要性。

表 3-13　各指标间的相关系数矩阵

	X1	X2	X3	X4	X5	X6	X7	X8	X9	X10	X11
X1	1.000	0.681	0.464	0.058	−0.525	−0.591	−0.989	−0.161	−0.622	−0.242	0.420
X2	0.681	1.000	0.170	0.668	0.186	0.062	−0.581	−0.149	−0.025	0.424	−0.042
X3	0.464	0.170	1.000	0.296	−0.752	−0.832	−0.413	−0.914	−0.883	0.196	0.965
X4	0.058	0.668	0.296	1.000	0.392	0.254	0.092	−0.559	0.143	0.953	0.043
X5	−0.525	0.186	−0.752	0.392	1.000	0.989	0.578	0.456	0.965	0.496	−0.882
X6	−0.591	0.062	−0.832	0.254	0.989	1.000	0.622	0.553	0.994	0.381	−0.926
X7	−0.989	−0.581	−0.413	0.092	0.578	0.622	1.000	0.071	0.637	0.385	−0.406
X8	−0.161	−0.149	−0.914	−0.559	0.456	0.553	0.071	1.000	0.625	−0.540	−0.821
X9	−0.622	−0.025	−0.883	0.143	0.965	0.994	0.637	0.625	1.000	0.282	−0.949
X10	−0.242	0.424	0.196	0.953	0.496	0.381	0.385	−0.540	0.282	1.000	−0.033
X11	0.420	−0.042	0.965	0.043	−0.882	−0.926	−0.406	−0.821	−0.949	−0.033	1.000

4.3 公共因子分析

计算11个因子的总方差结果见表3-14。从表3-14可见，符合条件的特征值有3个，累积方差贡献率达94.469%，涵盖了大部分变量信息。所以，选前三个因子作为公共因子。

对初始因子的载荷矩阵进行方差旋转处理，如表3-14所示，能够使公共因子的解释和命名更加容易，结合从旋转因子载荷矩阵中抽取的因子和港口物流影响因素的调研结果，对3个公共因子命名，第一个公共因子上载荷较大的有4个变量，分别是港口吞吐能力、全港建设投资、铁路投资和政府补贴，将公共因子F1定义为与基础投入有关的因素，即基础投资因子。第二个公共因子上载荷较大的有2个指标：港口吞吐量和铁路运费，将公共因子F2定义为与价格有关的因素，即价格因子。第三个公共因子上载荷较大的有3个指标：港口城市GDP、外贸进出口总额和信息化建设，将第三个公共因子F3定义为发展潜力因子。

表3-14 旋转成分矩阵

指标	成份		
	1	2	3
X1	−0.613	−0.143	0.777
X2	−0.092	0.420	0.903
X3	−0.951	0.194	0.240
X4	−0.076	0.974	0.214
X5	0.935	0.258	−0.242
X6	0.943	0.171	−0.286
X7	0.602	0.250	−0.759
X8	0.887	−0.456	−0.076
X9	0.945	0.104	−0.309
X10	0.104	0.987	−0.124
X11	−0.982	0.054	0.881

4.4 计算因子得分

计算出各公共因子的得分，如表3-15所示。

表 3-15 2010—2014 年公共因子得分表

年份	F1	F2	F3
2010	1.444	0.195	−0.460
2011	1.855	0.478	0.490
2012	2.590	0.452	−0.222
2013	2.186	2.705	0.539
2014	1.862	2.567	1.908

五、结论

5.1 研究发现

通过构建珠海港发展海铁联运的影响因素指标体系，运用SPSS对珠海港发展海铁联运的影响因素进行因子分析，厘清各影响因素的逻辑关系和发展趋势，结论和建议如下：

（1）2010年到2013年属于珠海海铁联运发展的起步期，港口吞吐能力、全港建设投资、铁路投资和政府补贴为影响珠海港发展海铁联运的主要因素。说明海铁联运起步期基础建设对于日后海铁联运的运量和进出效率影响较大，所以前期基础投资是主要影响因素，但在2012年后影响程度逐步减弱；

（2）2012年后，港口吞吐量和铁路运费成为影响珠海港发展海铁联运的主要因素，在基础设施完善的基础上，港口的吞吐量的提高，铁路运费的合理制定，成为吸引货源、拓展经济腹地、发展海铁联运的主要影响因素；

（3）2012年至未来一段时间，珠海GDP、外贸进出口总额和信息化建设等成为影响珠海港海铁联运发展的主要因素。珠海要抓住各种机会，如先进装备制造业基地、与巴基斯坦瓜达尔合作，与贵州省国际陆港合作等项目，逐步提高珠海的GDP和外贸进出口总额。因此，长远来讲，提高珠海的GDP和外贸进出口总额，重点发展珠海港的信息化建设等软实力，是珠海港未来长期可持续发展的主要影响因素。

5.2 理论价值

本文的理论价值在于：（1）丰富了发展海铁联运影响因素的指标体系。过往的研究在进行实证分析时按照各自需要对相关指标进行取舍，这样无法全面地进行影响因素分析。本研究基于较广泛的市场调研，较现有研究更为系统地构建了发展海铁联运的影响因素。（2）针对海铁联运影响因素的强弱程度研究较罕见，宗刚[3]通过构建解释结构模型ISM进行了研究，而利用因子分析进行海铁联运影响因素的研究还未见于国内文献。本文根据因子分析提取出的三个公共因子，在2010—2014年5年间分析了影响因素的强弱程度，为国内外港口的海铁联运发展提供有关的理论支持。

参考文献

[1] 刘鹏.我国海铁联运发展策略研究[J].铁道运输与经济，2011(9)：91-94.

[2] 李国栋.福州港海铁联运发展策略研究[J].物流科技，2013(12)：120-123.

[3] 李娇，彭勃.大连港海铁联运发展策略研究[J].管理观察，2015(7)：47-48.

[4] 秦雯.一带一路背景下珠海港发展海铁联运的SWOT分析及策略[J].物流工程与管理，2015(9)：8-11.

[5] 初良勇，许小卫.厦门港拓展经济腹地的策略[J].大连海事大学学报（社会科学版），2014(4)：21-23.

[6] 宗刚.基于ISM的海铁联运发展影响因素研究[J].管理现代化，2015(6)：108-110.

[7] 范小晶.干散货海铁联运系统关键因素敏感性分析[J].华东交通大学学报，2014，31(5)：56-62.

[8] 张鹏.基于AHP的集装箱海铁联运无缝运输影响因素及权值分析[J].大连海事大学学报（社会科学版），2014(8)：31-34.

[9] 武慧荣，朱晓宁.基于SD的集装箱海铁联运系统发展研究[J].重庆交通大学学报（自然科学版），2013(6)：529-533.

[10]Fan L,Wilson W W,Tolliver D. Optimal network flows for containerized impots to the United States[J].Transportation Reaserch Part E:Logistics and Transportation Review，2010，46(5): 735-749.

[11]王勇，邓旭东.基于因子分析的农产品供应链绩效评价实证[J].中国流通经济，2015(3): 10-16.

[12孔令强，王光玲.因子分析法在县域经济发展水平综合评价中的应用[J].企业经济，2006(8): 128-130.

[13]盛颖敏，岳媛媛.基于因子分析的东部地区房地产市场发展研究[J].山东财政学院学报，2009(4): 59-60.

第四节　珠海海铁联运发展的分析与发展对策

一、珠海海铁联运发展现状

海铁联运是指进出口货物由铁路运到沿海海港直接由船舶运出，或是货物由船舶运输到达沿海海港之后由铁路运出的只需"一次申报、一次查验、一次放行"就可完成整个运输过程的一种运输方式。

2012年12月29日，连接广州、佛山、江门、珠海四市，全长186.23公里的广珠铁路通车，标志着珠海港海铁联运的开始；为了进一步解决"最后一公里"的问题，全面实现海铁无缝联运，珠海市投资建设疏港铁路专用线，将铁路延伸到珠海多个码头。2014年12月23日，完成连接神华码头、鑫和码头及秦发码头的一期工程，这是高栏港煤炭和矿石运输的主要通道，一期工程的三个码头的装车楼均已建设完毕，可实现高效装车，提供至少每年2000万吨发送量的运力保障；此外，为了提升集装箱装卸效率、降低物流成本，2015年城铁集团启动了高栏港铁路集装箱发运装车站建设，该站点紧连着珠海港高栏港务有限公司和高栏国际码头，货物无须通过汽车转运到珠海港西站，预计将降低100元/TEU的物流成本并提高了工作效率。

然而，目前珠海海铁联运运量仅占集疏运的1%，而国内大连港等港口海铁联运占10%左右，发达国家的港口海铁联运占20%~40%左右，这个数字的对比足以反映珠海港物流在海铁联运方面的差距。本研究利用SWOT分析法对珠海海铁联运发展的因素进行分析，旨在为珠海港海铁联运提供发展策略。

通过走访调研了珠海市港口局、珠海市港口协会、广珠铁路物流开发有限公司、珠海市港务有限公司、神华粤电珠海港煤炭码头有限责任公司、珠海港鑫和码头有限公司、珠海秦发港务有限公司等海铁联运相关的关键企业，梳理出目前珠海市发展海铁联运的优势、劣势、机遇和挑战。

1.1 优势（Strengths）

（1）区位优势

珠海港背靠我国经济发展最快的珠三角地区，毗邻港澳，是粤港澳和亚太经济圈中心地带，有着明显的区位优势。海上横渡珠江口可达深圳、香港，北可达国内东北部沿海港口，南可达湛江、北海、海口等国内主要港口及曼谷、新加坡等国际港口。珠海港是我国沿海主枢纽港之一，是珠江三角洲地区大宗散货中转基地和集装箱运输支线港。天然的地理环境和区位优势为珠海港海铁联运的发展提供了优越的条件。

与附近港口相比，广州南沙和深圳盐田港比较繁忙，进出船只需要排期，货物的运输时间比较难预计；与湛江、阳江等港口相比，珠海港则在距离上有优势，相信在未来的发展中，会有更多的货主选择珠海港。珠海港的"海铁联运"将有效缓解广州枢纽西向货流的瓶颈问题，为珠三角西翼提供"大能力、低成本、低污染、低能耗"的便利运输条件。

（2）集疏运体系与铁路设施日益完善

随着广珠铁路、高栏港高速、机场高速的通车以及珠三角西部城际天然气管网建成，形成了港口日益发达、日趋完善的集疏运体系，珠海港已经成为连接我国西南地区与港澳间的交通枢纽。

广珠铁路纵贯珠三角西岸，干线经广州、佛山、江门、珠海四市到珠海西站，全长186.23公里，支线到高栏港神华码头、鑫和码头、秦发码头等，约33.8公里。并与贵阳至广州、南宁至广州、广东沿海和广州南沙港四条铁路交汇，由一条支线铁路上升为国家铁路网的重要组成部分，承担粤西海铁联运的重要通道的功能。

（3）产业和腹地优势

珠海高栏港区已经基本形成煤炭华南储运中心、石化产业集群，先进装备制造三大产业集中区，引入神华煤炭、鑫丰仓储、中海油、中化集团、BP、珠江钢管、中海油天然气、中船集团、中国北车等重大项目。对于这些原材料和产成品，都具有长距离运输、灌装或大宗散装、运输批量大等特点，都非常适合采用海铁联运方式。珠海港将成为华南最大、最有竞争力的海铁联运散货基地。

除了本地的优势产业，通过海铁联运，珠海港货源腹地进一步延伸至粤北、湖南、江西、贵州等地。

1.2 劣势（Weaknesses）

（1）物流成本偏高

根据高栏港务有限公司商务部的调研结果显示，以佛山乐平港及清远旺角码头为例分析物流成本，珠海至源潭通过铁路发运比通过水路的最低物流成本减少330元/TEU，珠海至禾云通过铁路发运比通过水运物流成本增加220元/TEU。为了重箱往返，从源潭通过铁路至珠海比源潭通过水运至广州的最高物流成本增加200元/TEU，从禾云通过铁路至珠海比通过水运至广州的最高物流成本增加650元/TEU。

目前，通过海铁联运只有源潭地区的货物重进重出相匹配才能与水运成本持平。其他区域目前物流成本都较江海联运偏高。

（2）港口航道、泊位能力限制

目前，珠海港港口航道和泊位能力均不足，缺乏竞争力。珠海高栏港有15万吨的主航道，神华码头、秦发码头最大能够停泊10万吨级，10万吨级集装箱码头于2015年5月才建成。然而，同样是广东省内的港口，湛江港已有30万吨散货码头、石油码头和矿石码头，并将于2015年开建40万吨级航道。惠州港可单向航行30万吨超级油轮。珠海港的航道和泊位能力限制了原油、煤炭和集装箱等大船停靠珠海港，直接影响了港口的战略合作与吞吐量，从而影响了海铁联运的运量。

（3）发展初期铁路服务不完善、信息化水平低

随着广珠铁路疏港线通车，珠海开始全面推进海铁联运的发展，目前尚处于发展的起步阶段。在宣传和推广方面：运营模式、业务流程、价格、班期、政府补贴政策等信息均很难获取，甚至广珠铁路有限公司作为重要窗口，都很难找到专门的门户网站，在"互联网＋"的时代，缺少方便易查询的网站平台、APP等渠道推广，会失去很多客户。

铁路缺乏机动灵活性，不能解决"最后一公里"的问题，即货物到了铁路站点后，仍需要汽车转运到指定目的地，反之亦然。广珠铁路要在经营模式方面需要多花心思，以全面细致的服务质量适应多元化的运输市场，满足货主"门到门"的运输需求。

铁路与港口的信息系统不匹配。海铁联运链条体系中，各运输主体的信息共享和交换对缩短运输时间、降低运输成本和提高物流服务水平等方面具有很重要的作用。然而，目前珠海港和广珠铁路的信息管理系统都是各自运行，信息不能共享的。两大系统在信息共享、有效衔接方面都处于初级阶段。

（4）运输代理与组织

珠海刚开始开展海铁联运，因此，缺乏将铁路与海运无缝对接的第三方物流公司，因此，要积极开拓航线，增加上行和下行货源。开发堆存、仓储、集散和分拨配送等"一站式服务"功能，提供方便、快捷、低成本的集疏运通道，完成铁路"最后一公里"的配送服务。

1.3 机遇（Opportunities）

（1）国家"一带一路"战略带来新机遇

"一带一路"建设线路图《推动共建丝绸之路经济带和21世纪海上丝绸之路的愿景与行动》中提出，充分发挥深圳前海、广州南沙、珠海横琴、福建平潭等开放合作区作用，深化与港澳台合作，打造粤港澳大湾区。

在"一带一路"不断推进的情况下，拥有横琴自贸试验区、高栏港经济区、港珠澳大桥等多种优势叠加的珠海，在贸易、物流、旅游、装备制造等产业发展将迎来较大机遇。其中，珠海港的港口物流有望迎来新的发展阶段。珠海要利用好这个机会，进一步深化与港澳的合作，以此重新布局在全球的投资和生产网络，推动形成高水平的开放经济体系。

（2）珠海市与巴基斯坦合作项目

随着国家"一带一路"的深入推进，珠海市政府大力支持珠海港的建设和发展。2015年4月10日，珠海市政府率队访问巴基斯坦瓜达尔，并与瓜达尔签署了"友城友港合作备忘录"。通过海铁联运，珠海港能够连通西南的贵州、广西、云南等省区，直通瓜达尔港。为了打通中国西南各省、珠三角地区与巴基斯坦瓜达尔港、中东以及非洲之间的物流通道，珠海重点在贵州省建设贯穿大西南区的国际陆港，将珠海港建成华南地区重要的开放支点，延伸了珠海港的物流腹地，激活了珠海深入内陆、面向海外的桥头堡功能。

（3）珠海港与巴西维多利亚港签署合作协议

2015年6月28日，珠海港控股集团与巴西维多利亚港签署战略合作框架协议，根据协议内容，双方将共同推动珠海港与巴西维多利亚港的全面战略合作。巴西维多利亚港所在的维多利亚市是圣埃斯皮里托州首府，拥有巴西最大的铁矿石输出港和便利的交通运输，珠海港集团将与巴西维多利亚港携手深入拓展两地的货源，为海铁联运拓展了产业和经济腹地。同时，在高栏港将建设拉美综合保税枢纽仓储物流中心，该项目总投资约8.4亿元，建成后可提供15万吨冷冻物流以及6万吨的恒温仓储能力，拓展了珠海港海铁联运的冷链产业和经济腹地。

（4）铁路沿线"无水港"的建设将提高珠海港的竞争力

"无水港"是指在内陆地区建立的具有报关、报检、签发提单等港口服务功能的物流中心。随着沿海地区港口间的竞争加剧，为了实现更大吞吐量，加快海铁联运的发展，珠海港与贵州签署了建设无水港合作协议，并对铁路沿线无水港进行战略布局。

1.4 威胁（Threats）

（1）周边港口的竞争

同样位于珠三角港口群的中山港、深圳盐田港、广州南沙港、湛江港等港口吞吐能力强，业务范围广，都能经营大宗散货和集装箱货物，并具备海铁联运的基础设施。是珠海港最大的竞争对手。

（2）与公路的竞争

公路具有速度快、灵活性高、适应性强、可实现"门到门"直达运输的特点。在集疏运中，公路发挥着重要的作用，尤其是近几年高速公路网越来越完善，乡镇公路网也进一步完善，这将进一步加剧公路和铁路之间的竞争。

二、珠海港海铁联运的发展策略

2.1 协调政府扶持海铁联运的发展

海铁联运涉及港口、铁路等众多部门，在组织运营的时候出现了分割管理的局面，每个部门只负责自己所属的范围，对其他环境因素不予考虑，导致各环节脱节严重，严重影响了海铁联运的快速发展。在分割管理的模式下，海铁联运发展所制定的长期战略规划在政策支持与成本管理等方面很难形成统一的、可行的决策方案。

珠海港应加强引导地方政府设立统一具有综合管理、协调指导职能的管理机构，负责包括铁路、公路运输在内的综合交通管理工作。该管理机构能够统一协调公路、铁路、港口相关各方在给与海铁联运支持政策方面相匹配，同时，综合交通管理可以转变目前的竞争局面，把竞争转变为协作、互补的合作方式。这样也促进了铁路作为干线物流与公路等结合方式的发展。为海铁联运发展营造更好的政策氛围。

2.2 加快推进基础设施建设

基础设施建设是海铁联运存在和发展的前提。欧美及国内主要港口的发展经验表明，建设完善基础设施是推进海铁联运持续发展的保障。

（1）协调推进广珠铁路珠海西站物流中心的建设

广珠铁路珠海西站位于珠海市高栏港高速西侧。货场设有仓库、堆场、装卸及运输设备，可提供仓储、装卸、装载加固、门到门等服务，建成后可成为海铁联运的重要基地。预计2016年投入运营。

为了推动集装箱海铁联运发展，构建网络运输模式，珠海市政府及其职能部门、铁路管理等有关部门应加强沟通协调，加快推进珠海西站物流中心建设。

（2）加快高栏港铁路集装箱发运站建设

目前，珠海的铁路基础设施建设已经有了突破性的进展，但是集装箱海铁联运还不能无缝连接，要加快高栏港铁路集装箱发运装车站建设，该站与高栏港务和高栏国码的航线、堆场相结合，能够大大提高海铁联运装卸效率、降低物流成本，预计能够降低100元/TEU。

（3）加快内陆"无水港"体系的建设

通过无水港可以大大拓展珠海港的经济腹地，从而直接提高海铁联运的吞吐量。深圳港的无水港项目覆盖湖南、湖北、江西、四川、重庆、云南、贵州等8个省市的20多个城市，无水港的运营完成了15万标箱的吞吐量，同比增加了11%。

珠海港的政府和企业，要深入内陆进行货源和货量的调研，选取重点城市加大合作，从而形成布局合理的无水港网络，通过为内陆客户提供方便快捷的服务，降低物流成本，提高珠海港海铁联运的竞争力。

2.3 建设海铁联运信息平台

目前珠海港和全国其他地区一样，还没有专门的海铁联运信息系统，信息管理还是由人工完成，导致工作效率低下、容易出错、难于开放与共享。开放的信息平台可以进行网上交易、货物追踪查询、电子支付、客户管理等，满足了客户需求，进一步提高了海铁联运的服务质量。

进一步加强港口与铁路、海关、检验检疫、银行、税务等机构的信息交换能力，进一步节约运输成本，提高工作效率和竞争能力。高效的信息管理系统可以实现管理创新，信息系统的大数据也可以作为海铁联运企业和政府决策的依据。

2.4 加强人才储备

海铁联运在珠海乃至全国仍处于较初级的阶段，为了满足持续和快速的发展，需要储备足够的专业操作人才和专业管理人才。企业可以通过和当地学校校企合作的方式，参与学校的人才培养，合作开发课程和教材等，从而培养和储备真正适合海铁联运发展需要的人才。

2.5 探索供应链契约创新

目前，海铁联运最大的困难是无法重箱往返，物流成本较高，对吸引货源难度大。对于供应链链条上的铁路、港口、船公司、客户等主体，都在一边焦急一边观望。因此，能否积极探索各主体间供应链契约的创新，将本来孤立的上下游关系变为结盟的合伙人关系，在初期各主体共同分担高出的物流成本，长期共同享受供应链集成后带来的共同盈利。

三、结论

发展珠海港海铁联运是完善珠海港集疏运体系、拓展经济腹地、提高吞吐量的重要途径，是发挥珠海港优势、增强珠海港竞争力的重要途径。珠海港必须在政府领导下，充分发挥自身优势、克服不足、抓住机遇、冲破威胁、加快发展。

参考文献

[1] "一带一路"背景下我国海陆联运建设与发展[J].中国流通经济，2015（6）.

[2] 海铁联运与天津港的战略选择[J].中国港口，2013（2）.

[3] 我国煤炭铁水联运现状和发展趋势分析[J].物流工程与管理，2015（4）.

[4] 福州港海铁联运发展策略研究[J].物流科技，2013（12）.

[5] 我国中短途集装箱海铁联运SWOT分析及发展策略[J].集装箱化，2013（5）.

[6] 我国发展集装箱海铁联运的SWOT分析[J].港口经济，2010（10）.

[7] 宁波港发展集装箱海铁联运SWOT分析[J].铁路采购与物流，2010（11）.

第五节　中美贸易摩擦对珠海制造业的影响

受中美贸易摩擦的影响，我国各地区制造业经营状况受到了较大影响，本文选取了粤港澳大湾区的重要节点城市珠海市为例，分析珠海市制造业的经营状况和发展趋势。珠海市2012—2018连续7年地区生产总值保持年均9.3%高增长，但是从2019年开始外贸出口持续下滑，制造业投资出现负增长，中美贸易摩擦对外贸型制造业及其就业产生了一定影响，且短时间内，寻找出口替代和转向内需均存在困难。本文旨在通过调研访谈以及统计数据分析，预判中美贸易摩擦背景下，外需走弱对珠海制造业的影响。数据来源于三个方面：1.统计数据。珠海市人社局相关就业统计数据，以及珠海市统计局相关经济统计数据。2.问卷调查。问卷由广东省人力资源和社会保障厅提供，珠海市人社局选取珠海市70家企业，涵盖由珠海市商务局提供的50家涉美重点企业，并发放调查问卷，回收有效问卷49份。3.调研访谈。现场考察珠海市2家重点企业，以及珠海市人社局组织的16家重点企业的集中访谈。

一、中美贸易摩擦影响下珠海市制造业经营状况

受调研企业绝大部分为出口型制造业，主要集中在计算机通信和电子设备制造业、专业设备制造业等行业。其中计算机通信和电子制造业企业23家，占被调查企业的46.94%；专用设备制造业企业7家，占14.29%。

企业性质主要包括内资企业、外商独资企业和港澳台资企业。其中，内资企业25家，占被调查企业的51.02%；外商独资企业15家，占被调查企业的20%。外资资本主要来自欧洲（35.29%）、美国（29.41%）和日韩（23.53%），其他国家和地区占11.76%。

全市主要经济指标较去年同期均有所下降。规模以上工业增加值、固定资产投资、一般公共预算收入增速回落；外贸进出口总额、实际吸收外商直接投资降幅进一步扩大。

工业生产增速下滑。2019年1—7月，全市完成规模以上工业增加值618.84亿元，同比增长4.0%。支柱产业合计完成增加值481.15亿元，增长3.3%。其中，家电电气业、生物医药业保持较快增长，分别增长20.5%、18.3%；石油化工业增长2.8%；精密仪器制造业、电子信息业和电力能源业负增长，分别下降7.6%、5.4%和0.3%。全市高新技术企业、先进制造业、高技术制造业增加值分别增长7.1%、2.2%、1.3%；装备制造业增加值下降1.4%。

固定资产投资低速增长。2019年1—7月，全市完成固定资产投资1057.49亿元，同比增长3.9%，增速较上月（下同）下降0.3个百分点。工业投资151.80亿元，增长6.0%，增速提升3.4个百分点，其中，工业技改投资、装备制造业投资分别下降3.2%、11.9%；房地产开发投资471.95亿元，增长6.2%，增速下降1.3个百分点；基础设施投资212.66亿元，下降14.2%，降幅扩大2.1个百分点。完成民间投资490.52亿元，增长2.8%。

消费市场增速小幅回落。2019年1—7月，全市完成社会消费品零售总额711.56亿元，同比增长5.6%，同比增速下降2.1%。按消费形态分，

批发业零售额132.95亿元，增长2.3%；零售业零售额487.29亿元，增长5.7%；住宿业零售额19.78亿元，增长7.5%；餐饮业零售额71.54亿元，增长10.6%。如表3-16所示。

表3-16　2019年1—7月与2018年同期对比表

指标名称	2018年1—7月		2019年1—7月	
	总额（亿元）	同比增长	总额（亿元）	同比增长
规模以上工业增加值	584.82	13.1%	618.84	4.0%
规模以上工业总产值	2410.54	11.4%	2534.62	3.9%
固定资产投资额	1017.52	15.6%	1057.49	3.9%
社会消费品零售总额	674.12	7.7%	711.56	5.6%
外贸出口总额	1082.29	18.5%	898.14	−17.1%
外贸进口总额	805.73	32.3%	742.62	−7.9%
实际吸收外商直接投资	17.02亿美元	17.9%	15.32亿美元	−10.0%

外贸进出口总额降幅扩大。2019年1—7月，全市完成外贸进出口总额1640.76亿元，同比下降13.1%，降幅较上月扩大0.9个百分点。其中出口总额898.14亿元，下降17.1%；进口总额742.62亿元，下降7.9%。1—7月，全市实际吸收外商直接投资额15.32亿美元，同比下降10.0%，降幅较上月扩大4.2个百分点。如表3-17所示。

表3-17　2019年1—7月外贸进出口额和增长率表

指标名称	1—7月	同比增长 (%)
外贸进出口总额（万元）	16407560	−13.1
1. 外贸出口	8981402	−17.1
2. 外贸进口	7426158	−7.9

输美产品降幅明显。2019年1—7月外贸进出口额1640.76亿元，同比下降13.1%，其中出口总额为898.14亿元，同比下降17.1%，出口美国119.99亿元，同比下降22.2%。出口中国澳门、中国台湾和日本均有较大降幅，分别下降31.4%、21.9%和19.7%。如表3-18所示。

表 3-18　2019 年 1—7 月对主要国家（地区）出口情况表

指标名称	1—7 月	同比增长 (%)
外贸出口总额 (万元 人民币)	8981402	−17.1
其中：出口美国	1199958	−22.2
出口欧盟	1405219	−6.4
出口日本	546305	−19.7
出口中国香港	1607537	5.9
出口中国澳门	195659	−31.4
出口中国台湾	132557	−21.9

　　机电产品和高新技术产品受影响较大。美国从中国进口的前三大类产品分别是电机电气、机械器具以及纺织服装等劳动密集型消费品，这三类产品合计占美国从中国进口全部商品比重接近78%。

表 3-19　2019 年 1—7 月外贸进出口额主要指标分析表

指标名称	1—7 月	同比增长 (%)
外贸进出口总额 (万元 人民币)	16407560	−13.1
其中：机电产品	10260454	−18.2
高新技术产品	5036233	−27.6
一、按贸易性质统计		
1. 一般贸易	9349150	−9.6
2. 加工贸易	4980866	−26.2
其中：来料加工	624389	−43.9
3. 其他贸易	2077544	15.7
二、按企业性质统计		
1. 内资企业	8457419	−15.7
其中：国有企业	2992223	−8.3
集体企业	121220	−26.1
私营企业	5343976	−19.1
2. 外商投资企业	7950141	−10.2
其中：中外合作企业	6421	−19.9

指标名称	1—7 月	同比增长 (%)
中外合资企业	1709676	1.2
外资企业	6234045	−12.9

表 3-20　2019 年 1—7 月规模以上工业增加值表

指标名称	1—7 月	同比增长 (%)
工业增加值（万元）	6188386	4.0
总计中：轻工业	2078459	13.6
重工业	4109927	−0.3
总计中：集体企业	1622	2.0
股份制企业	3539844	6.9
港澳台及外商投资企业	25900532	0.5
总计中：国有及国有控股企业	1961826	7.3
民营企业	2111189	5.3
总计中：大型企业	2755324	8.9
中型企业	1837347	−0.3
小微企业	1595715	4.4
总计中：电子信息	1141778	−5.4
家电电气	1330517	20.5
石油化工	806115	2.8
电力能源	490496	−0.3
生物医药	329371	18.3
精密机械制造	310250	−7.6

二、中美贸易摩擦影响下珠海市制造业发展趋势

以本次调研问卷和访谈获得的信息为主要判断依据。调研涵盖了加征第三批 3000 亿美元关税对企业生产经营活动的影响。通过企业反馈的 2019 年第 1-3 季度的市场销售、出口订单（包括对全年利润增减的预判）以及 2019 年第 4 季度和明年春节后的产能转移计划等情况来判断发展趋势。

三批加征关税的影响中，第三批影响较大。49家样本企业中，81.63%的企业有出口业务，其中69.39%的企业出口对美国，24.49%的企业对美国市场出口额占比超过50%。从企业生产经营活动受美国2018年7月6日、2018年9月24日、2019年9月1日三批加征关税及我国反制措施影响情况来看，2019年9月1日第三批影响较大，认为对企业影响很大的企业占48.98%，比第一批、第二批增加了10个百分点。从行业分析来看，目前这三批受影响较大的企业主要分布在电气机械和器材制造业、通用设备制造业、家具制造业、金属制造业、汽车制造业，通过对比分析，这恰好和美国加征关税的商品类别基本一致。

第四季度出口订单及全年利润情况。从调研问卷和企业访谈反馈情况来看，2019年第1—3季度企业普遍认为出口产品订单基本持平，有些企业认为还略有增加。但是预计第四季度出口产品订单同比减少30%以上的企业增长了8个百分点。也有部分企业因非美市场的增长，第四季度订单有所增长。再有，大部分受访企业表示，过往订单比较稳定，对产值和用工需求有稳定的预期，但今年以来，由于各种不确定因素的影响，导致订单波动，不可预期更为明显，这增加了企业对明年生产经营和用工储备工作计划的难度。

从利润方面来看，2019年第1—3季度大部分企业认为与去年同期相比基本持平，还略有上升，但是预计2019年总体利润下降的企业数增加了6个百分点。

受贸易摩擦影响较大的珠海市机电产品及高新技术产品，预计未来受影响程度有可能进一步加大。原因是美国对中国包括珠海在内的机电电气、机械器具等行业进口依赖度不高，加征关税后美国已逐步将机电、机械行业进口转移至墨西哥、越南、中国台湾等国家和地区。2019年，美国自中国进口机电电气、机械器具占比快速下降，分别下滑7.3%和10.8%。美国寻找此类产品的进口替代开始发生作用，因此正在受到影响的珠海机电产品及高新技术产品，随着3000亿美元关税加征，影响还将进一步显现。

受访企业产能转移计划极少。受访企业仅有两家进行部分产能转移。一是天威公司正在做部分产能转移，原因并非由单纯的贸易摩擦引起。企业转型升级，向价值链高端攀升，将研发和营销作为最核心业务是天威公司产能转移的主要原因，同时应对劳动力要素成本上升和招工难等问题，也是其剥离部分制造业务到东南亚的主要原因。这次中美贸易摩擦的作用仅仅是加速了天威公司部分制造业务的转移进程。另一家计划转移的企业是博世（珠海）安保系统有限公司，属于电气机械和器材制造业，计划向欧洲进行产能转移，完成产能转以后，预计的用工需求将减少20%。但明年春节后的用工需求维持不变。

参考文献

[1] 袁野,任泓锦,何晓航,周子阳.中美贸易摩擦背景下我国中小企业应对路径[J].现代企业,2019(1):32-33.

[2] 钱伊玥.中美贸易摩擦对我国经济的影响及应对策略[J].企业改革与管理,2019(1):107+116.

[3] 周永亮.中美贸易摩擦背景下的中国制造突破口[J].企业观察家,2018(10)：54-56.

[4] 吴立强.中美贸易摩擦对我国电力生产消费的影响[J].中国电力企业管理,2018(10):64-66.

[5] 璐璐.中美贸易摩擦对中国企业的影响[N].中国企业报,2019-06-11(004).

下篇　物流专业建设与人才培养

第四章 物流专业建设

第一节 社会服务能力提升的发展策略

在本科院校"双一流"建设基础上，2019年2月，国务院印发《国家职业教育改革实施方案》，方案要求推进高等职业教育高质量发展。启动实施中国特色高水平高等职业学校和专业建设计划，建设一批引领改革、支撑发展、中国特色、世界水平的高等职业学校和骨干专业（群）。2019年4月，教育部、财政部发布《关于实施中国特色高水平高职学校和专业建设计划的意见》（教职成〔2019〕5号，以下简称《意见》），明确指出要集中力量建设50所左右高水平高等职业学校和150个左右高水平专业群，打造技术技能人才培养高地和技术技能创新服务平台，支撑国家重点产业、区域支柱产业发展，引领新时代职业教育实现高质量发展。2019年5月，广东省推荐深圳职业技术学院、广东科学技术职业学院等14所高职院校申报"双高"项目。

本文围绕《意见》提出的任务要求，针对打造技术技能创新服务平台和提升服务发展水平的具体改革发展任务，探索广东科学技术职业学院面向数字贸易领域的社会服务能力提升路径。

一、社会服务能力提升的目标

1.1 研发引领、服务高端，打造两个省级以上创新服务平台

对接数字经济发展趋势，建成省级以上"数字贸易研究院"和"数字

贸易运营服务中心"为核心的技术技能创新服务平台。组建高水平的研究团队和运营服务团队，聚焦数字贸易领域的标准研究与开发，开展智库咨询、技术服务、英才培养、创新创业，为中小微企业数字转型升级、商业模式创新提供方案研发、成果转化与运营等产业高端服务等，从而实现数字贸易服务交易额和服务收入的提升。

1.2 融入国家发展大局，提升服务发展水平

服务大湾区数字经济发展，培养数字贸易领域急需的高素质技术技能人才；面向脱贫攻坚主战场，吸引贫困地区学生到本专业群接受培养与培训。服务乡村振兴战略，以农村电商为载体，广泛开展面向农业农村的电商职业教育与新型职业农民培训，积极为大湾区企业开展职工继续教育、社区教育和终身学习服务，提升年均培训人次。从而，实现专业群各类社会服务收入和培训人次提升。

二、社会服务能力提升的具体内容

2.1 打造技术技能平台

服务产业高端和国家战略，提升服务发展水平。积极对接"一带一路"发展战略和粤港澳大湾区"贸易中心、物流中心、航运中心和创新中心"的建设需要，聚焦粤港澳大湾区先进制造业、电子商务和进出口中小微企业等行业领域，基于广东科学技术职业学院电子商务、跨境电商、IT类专业等品牌专业人才培养、创新服务方面的优势，与珠海横琴（国家级）自贸区、广东电子商务协会、广东省跨境电商协会、阿里云等行业领先企业深入合作，建立粤港澳大湾区"数字贸易研究院"和"数字贸易运营服务中心"为核心的技术技能创新服务平台；组建一支由境内外数字贸易和大数据研究专家、领军企业资深实践专家和学校专业领军人才组成的高水平研究团队和运营服务团队，开展国内外标准研制、先进制造业电子商务运营管理、中小微企业商业模式创新、数字化转型升级和成果转化、数字贸易人才培养等高端技术技能创新服务。

2.2 提升社会服务水平

服务产业高端和国家战略，提升服务发展水平。依托"数字贸易研究院"和"数字贸易运营服务中心"为核心的技术技能创新服务平台，解决传统中小微企业向新零售数字化转型升级，进出口企业跨境电商孵化等实际问题，服务中国产业走向全球中高端。联合农优一百科技有限公司，校企共建"农产品电商孵化平台"，开展"电子商务进农村"的专题培训和农产品电子商务品牌塑造、平台运营和技术支持等孵化服务，并增加当地电子商务专业招生名额和宣传力度，全方位孵化粤西北乃至全国贫困县成为"农产品特色基地"。依托"数字贸易产业学院"，构建"项目班、创客班、专业导师制、精英班、工作室"等高端人才分类精准培养载体，为粤港澳大湾区培养输送数字贸易领域高级技术技能型人才；为雷士照明、罗西尼等中小企业提供新零售和丝路电商运营培训和管理咨询服务，培养中小企业紧缺的新零售、丝路电商运营团队；通过省培国培等方式，为粤港澳大湾区中高职院校、社区等提供技术、创新创业和成果转化等专题培训，服务粤港澳大湾区数字产业走向全球中高端。

三、社会服务能力提升的发展策略

3.1 智库引领，建立粤港澳大湾区"数字贸易研究院"

积极对接粤港澳大湾区"贸易中心、物流中心、航运中心和创新中心"的建设需要，聚焦粤港澳大湾区先进制造业、电子商务和进出口中小微企业等行业领域，依托广东省跨境电子商务协会、广东电子商务协会等行业协会，与珠海横琴（国家级）自贸区等粤港澳大湾区开放创新高地，阿里云、天池大数据科研平台等国内商务数据分析行业知名企业，香港科技大学研究院，澳门科技大学粤港澳大湾区物流与供应链创新联盟，中山大学粤港澳发展研究院等粤港澳大湾区知名院校研究机构深入合作，共建粤港澳大湾区"数字贸易研究院"。并整合多方资源，创建国际贸易、电子商务和物流供应链等领域的数字贸易资源共享平台。建立粤港澳大湾区数字贸易专家智库，包括来自香港科技大学、澳门科技大学、中山大学等数字贸易数字经济和大数据研究专家，阿里云等领军企业的数据分析师、数据法治安全专家，高校学者和两院院士顾问等组成。研制粤港澳大湾区《数字贸易专业标准》，制定年度《数字贸易产业行业发展和人才需要报告》，提供中小微企业数字化转型升级解决方案，搭建先进制造业的数字贸易平台等高端技术技能创新服务。

3.2 服务支柱产业，建立"数字贸易运营服务中心"

积极对接"一带一路"发展战略，与阿里巴巴、淘宝网、敦煌网、蚂蚁金服、菜鸟网络等数字贸易链条上知名服务企业深度合作，为格力电器、汤臣倍健、纳思达等粤港澳大湾区重点行业和支柱企业提供电子商务新零售、跨境电商和物流供应链等三大领域的运营服务，为传统中小微生产企业和进出口贸易企业提供传统贸易转型的孵化服务，同时培养电子商务、跨境电商、物流管理和商务数据分析的数字贸易领域高级技术技能人才。

3.3 服务产业高端，助力中小微企业新零售数字化转型升级

依托"数字贸易研究院"和"数字贸易运营服务中心"为核心的技术技能创新服务平台，发挥智库研发功能，提升服务水平。

（1）民企孵化：服务雷士照明、格力电器等民企实现电商交易额提升；开展中小企业电子商务、移动商务和跨境电商孵化服务，提升代运营总额；

（2）纵横向项目：开展电商618、双11、品牌塑造、供应链流程优化等纵横向项目。

3.4 服务乡村振兴战略，孵化"农产品特色基地"。

联合农优一百科技有限公司、珠海市农业投资控股集团，校企共建"农产品电商孵化平台"，服务乡村振兴。

（1）孵化"农产品特色基地"：针对广东梅州、汕尾等粤西粤北贫困地区，开展"电子商务进农村"的农产品电子商务品牌塑造、平台运营和技术支持等孵化服务，每年孵化农产品特色基地1~2个；

（2）扩大贫困地区学生招生：面向脱贫攻坚主战场，组建电子商务群招生团队，每年到粤西粤北贫困地区重点开展招生宣传和报考指导，实现贫困地区招生比例增加，并为就读学生提供助学金、奖学金等优惠政策，助力贫困地区的脱贫攻坚工作。

（3）农业农村培训：通过举办电子商务营销模式和运营能力等专题培训，通过村委会培养新型农民，拓宽农民就业创业渠道，让农业成为有奔头的产业，让农民成为有吸引力的职业，让农村成为安居乐业的美丽家园。

3.5 大力开展高技能人才培养，培养粤港澳大湾区急需紧缺人才

依托"数字贸易产业学院"，根据粤港澳大湾区发展需要，大力开展高级人才培养。

（1）精准育人，输送人才：开展"雷士项目班""格力项目班""纳思达项目班"等精准育人模式，由学校创新创业学院驱动，成立"电子商务创客营""跨境电商创客营"等创客孵化营，由专业领军人才进行"一对一"指导，构建"项目班、创客班、专业导师制、精英班、工作室"等高端人才分类精准培养载体，为粤港澳大湾区培养输送数字贸易领域高级技术技能型人才。

（2）中小企业高技能人才培训：为雷士照明、罗西尼等中小企业提供新零售和丝路电商运营培训和管理咨询服务，培养中小企业紧缺的新零售、丝路电商运营团队。

（3）中高职和社区教育：通过举办省培、国培等方式，为粤港澳大湾区中高职院校、社区等提供技术、创新创业和成果转化等专题培训。

参考文献

[1] 任君庆,胡晓霞.打造高水平双师队伍　高质量实施"双高"建设[J].职
　　教论坛,2019(4):30-32.

[2] 吴一鸣."双高计划"推动下高职院校发展的不变与变[J].教育与职
　　业,2019(13):21-27.

[3] 聂强.专业群引领下的"双高计划"学校建设策略[J].教育与职
　　业,2019(13):16-20.

[4] 刘月."双高计划"下高职院校社会服务能力建设[J].辽宁高职学
　　报,2018,20(6):11-13.

[5] 李立申."双高计划"实施背景下高职院校校内实训基地建设的思考[J].
　　辽宁农业职业技术学院学报,2018,20(3):13-15.

第二节　国际交流水平提升的发展策略

在本科院校"双一流"建设基础上,2019年2月,国务院印发《国家职业教育改革实施方案》,方案要求推进高等职业教育高质量发展。启动实施中国特色高水平高等职业学校和专业建设计划,建设一批引领改革、支撑发展、中国特色、世界水平的高等职业学校和骨干专业(群)。2019年4月,教育部、财政部发布《关于实施中国特色高水平高职学校和专业建设计划的意见》(教职成〔2019〕5号,以下简称《意见》),明确指出要集中力量建设50所左右高水平高等职业学校和150个左右高水平专业群,打造技术技能人才培养高地和技术技能创新服务平台,支撑国家重点产业、区域支柱产业发展,引领新时代职业教育实现高质量发展。2019年5月,广东省推荐深圳职业技术学院、广东科学技术职业学院14所高职院校申报"双高"项目。

《意见》中提升国际化水平的任务要求为加强与职业教育发达国家的交流合作,引进优质职业教育资源,参与制订职业教育国际标准。开发国际

通用的专业标准和课程体系，推出一批具有国际影响的高质量专业标准、课程标准、教学资源，打造中国职业教育国际品牌。积极参与"一带一路"建设和国际产能合作，培养国际化技术技能人才，促进中外人文交流。探索援助发展中国家职业教育的渠道和模式。开展国际职业教育服务，承接"走出去"中资企业海外员工教育培训，建设一批鲁班工坊，推动技术技能人才本土化。

本文围绕双高计划中提升国际化水平的具体改革发展任务，探索广东科学技术职业学院面向数字贸易领域的提升国家水平的发展策略。

一、提升国际化水平的目标

总体目标是建设数字贸易海外工坊，打造数字贸易职业教育国际品牌。依托数字贸易研究院，与阿里巴巴、敦煌网等知名数字贸易平台企业合作，面向"新零售、丝路电商"领域，共同研发数字贸易《跨境电商》国际通用教学标准和教学资源；面向马来西亚、泰国等"一带一路"国家推广数字贸易专业群标准3个国家以上。依托中国电子商务职业教育教学委员会启动的电子商务教育国际合作平台"电商谷"项目，面向亟待发展电子商务的泰国、马来西亚等国家和地区，和"走出去"中资企业深度融合，在"一带一路"沿线国家建立1~2个"数字贸易海外工坊"，培养中资企业海外员工、本土化技术技能人才。招收"一带一路"沿线国家跨境电商留学生；通过打造海外工坊跨境电商品牌，形成援助东南亚等发展中国家职业教育的新渠道和新模式。

二、提升国际化水平的具体内容

依托数字贸易研究院，与阿里巴巴、敦煌网等国内领军企业深入合作，发挥中国跨境电商在技术、创新、资金和产业链组织等方面的优势，结合"一带一路"沿线国家的贸易和文化特点，共同研发双语版教学标准，共建国家级教学资源库和双语版精品在线开放课程，并面向东南亚国家进行推广。

依托中国电子商务职业教育教学委员会启动的电子商务教育国际合作平台"电商谷"项目，面向亟待发展电子商务的泰国、马来西亚等国家和地区，和"走出去"中资企业深度融合，在"一带一路"沿线国家建立"数字贸易海外工坊"，培养中资企业海外员工、本土化技术技能人才，招收"一带一路"沿线国家跨境电商留学生；通过打造海外工坊跨境电商品牌，形成援助东南亚等发展中国家职业教育的新渠道和新模式。

三、提升国际化水平的发展策略

3.1 研制多语版跨境电商国际通用教学标准

依托数字贸易研究院，与阿里巴巴、敦煌网等国内领军企业深入合作，发挥中国跨境电商在技术、创新、资金和产业链组织等方面的优势，结合"一带一路"沿线国家的贸易和文化特点，共同研发多语版《跨境电商专业国际通用教学标准》；联合江苏经贸职业技术学院等国家示范高职院校共建国家级《"一带一路"贸易文化传播与创新教学资源库》；与阿里巴巴等企业共建《网络营销与推广》《跨境电商营销推广》《新媒体营销》等国家级课程，制订国际通用的双语版课程标准，共建国家级精品在线开放课程（双语课）；打造中国数字贸易职业教育国际品牌，并面向新加坡、马来西亚、泰国等东南亚国家进行推广。如表4-1所示。

表 4-1　专业群国际合作教学标准、课程、资源量化指标

序号	课程名称	建设内容	资源建设
1	跨境电商专业国际通用教学标准	双语版专业标准	国家级教学资源库
2	网络营销与推广	双语版课程标准	国家级精品在线开放课程（双语课）
3	跨境电商营销推广	双语版课程标准	国家级精品在线开放课程（双语课）

续 表

序号	课程名称	建设内容	资源建设
4	新媒体营销	双语版课程标准	国家级精品在线开放课程（双语课）

3.2 建立"数字贸易海外工坊"，培养本土化技术技能人才

积极对接"一带一路"发展战略，依托中国电子商务职业教育教学委员会开展的电子商务教育国际合作平台"电商谷"项目，面向亟待发展电子商务的泰国、马来西亚等国家和地区，和"格力电器"等中国制造业巨头、全球最大的打印耗材制造商纳思达集团等企业"走出去"，在"一带一路"沿线国家共建"数字贸易海外工坊"1~2个；海外工坊按照全国职业院校跨境电子商务人才培养的重要参考标准《跨境电子商务人才培养指南》，高标准、高质量地培养中资企业海外员工和本土化技术技能人才；（招收"一带一路"沿线国家跨境电商留学生；通过打造海外工坊跨境电商品牌，形成援助东南亚等发展中国家职业教育的新渠道和新模式。）

3.3 依托中法克莱蒙商学院，培养数字贸易国际化人才

积极与法国克莱蒙商学院等职业教育发达国家的院校合作，开展"2+2"国际合作办学，引进优质职业教育资源，选派电子商务群的学生在我校完成2年学习后赴境外学习2年，并获得法国克莱蒙商学院的学士学位，提升学生的国际视野。

参考文献

[1]任君庆,胡晓霞.打造高水平双师队伍高质量实施"双高"建设[J].职教论坛,2019(4):30-32.

[2]吴一鸣."双高计划"推动下高职院校发展的不变与变[J].教育与职业,2019(13):21-27.

[3] 聂强.专业群引领下的"双高计划"学校建设策略[J].教育与职业,2019(13):16-20.

[4] 刘月."双高计划"下高职院校社会服务能力建设[J].辽宁高职学报,2018,20(6):11-13.

[5] 李立申."双高计划"实施背景下高职院校校内实训基地建设的思考[J].辽宁农业职业技术学院学报,2018,20(3):13-15.

第三节　中高职三二分段课程衔接

一、引言

"中高职三二分段"指在中职学校和高职院校选取对应专业,制订中职学段(三年)和高职学段(二年)一体化的人才培养方案,分段开展教学活动。其培养目标是以就业为导向,为产业升级、经济发展方式转变培养高层次技能型专业人才。即学生经过三年中职学段学习,取得中等职业教育毕业学历证书,并获得国家职业资格中级以上(含中级)技能等级证书,或省(厅)局级行政部门或省级以上(含省级)行业学会颁发的中级以上(含中级)职业技能等级证书,或获得省教育考试院颁发的专业技能课程等级证书B级以上证书。学生经过高职学段学习,掌握相关专业高技能人才所需的专业知识,取得相应专业的专科毕业证书,并获得高级职业技能等级证书,成为高素质高技能专门人才。

中等与高等职业教育衔接的核心和关键问题是课程的衔接。从全国中高职衔接的现状来看,最大的问题就在于课程衔接不到位。因此,中高职内涵衔接实现的首要任务是重构课程体系,推进各专业课程的标准化,按职业能力要求进行课程重组、整体设计、统筹安排、分阶段实施,充分发挥中高职的教学资源和办学优势。

二、中高职三二分段课程衔接的依据

2.1 以人才培养目标衔接为基础

在2011年8月30日教育部《关于推进中等和高等职业教育协调发展的指导意见》（教职成〔2011〕9号）中，提出必须树立系统培养的理念，坚持就业导向，明确人才培养规格、梯次和结构；必须明确中等和高等职业学校定位，在各自层面上办出特色、提高质量，促进学生全面发展。中等职业教育是高中阶段教育的重要组成部分，重点培养技能型人才，发挥基础性作用；高等职业教育是高等教育的重要组成部分，重点培养高端技能型人才，发挥引领作用。因此在专业理论知识及实践技能课程衔接方面，高职均比中职高一层次。

2.2 借鉴国外先进经验

英国中高职职业教育课程的衔接，采用分层式教学，统一制定了5000个左右的标准教学单元，并把这些单元按程度分成6个层次。1、2、3三个层次属中等职业教育。4、5、6三个层次属高等职业教育。其中第1层次的单元与初中课程衔接，相邻层次的单元间可以衔接，学校依据学生所学单元总数的最低值和高层次单元所占百分比的最低值分别发中、高职毕业证和相应的职业资格证书。用分层教学的方式很好地实现了中高职的衔接。

在制定课程体系时，可借鉴英国的先进经验，采用中职教育三年和高职教育两年共用一套教学计划、分段实施的办法来进行。课程体系和教学计划的制定应该以高职院校为主，中职学校参与、双方共用研究制订。为了学生的可持续发展，中职学校要注重职业基础教育，包括文化基础课、专业理论和专业实践基础课；高职教育阶段在此基础上全面提高，包括文化基础的提高、专业理论的加深和专业能力的加强。统一的课程体系和教学计划一旦制订，就必须严格按此框架开展教学活动。另外，高职院校有权对中职学校的教学实施情况定期检查。

三、物流管理专业中高职三二分段课程体系设计

中职学校的三二分段课程根据《教育部关于制定中等职业学校教学计划的原则意见》(教职成〔2009〕2号)编制。中职的课程主要包括文化课、专业通用课和专业核心课，其中文化课主要包括德育、语文、数学、英语、计算机等，公共基础课程包括德育课、文化课、体育与健康课、艺术课及其他选修公共课程。其任务是引导学生树立正确的世界观、人生观和价值观，提高学生思想政治素质、职业道德水平和科学文化素养；为专业知识的学习和职业技能的培养奠定基础，满足学生职业生涯发展的需要，促进终身学习。

专业技能课程培养学生的物流管理相关的专业知识和较熟练的职业技能，按照运输、仓储、配送、采购、营销和信息系统等岗位群的能力要求，把物流技术实务、运输作业实务、仓储与配送实务等专业核心课程放在中职学习。在完成中职课程学习后，学生具备一定的专业知识和通过相关的初级职业资格考核，可以成为叉车司机、仓管员、理货员、分拣员、采购员、报关员等技能型人才。中职物流管理专业3年的课程设置如表4-2所示。

高职物流管理专业的课程设置更注重专业技能应用能力、基层管理能力和创业能力的培养。同样以就业为导向，按照运输、仓储、配送、采购、营销和信息系统等岗位群的能力要求，在中职课程的基础上全面提高，开设物流沙盘模拟、物流仿真综合实训、ERP系统操作实训等专业综合课程，更加突出综合应用能力和管理能力。在完成高职课程学习后，学生具备更专业的知识，通过相关的高级职业资格考核，可以成为运输主管、仓储主管、配送中心主管、采购主管、营销主管等高端技能型人才。高职物流管理专业2年的课程设置如表4-3所示。

表4-2　中职物流管理专业3年课程设置

课程类别	课程类型	序号	课程名称	学分	总学时	讲授	实训	各学期周课时和实训实习周数安排					
								第一学年		第二学年		第三学年	
								18周	18周	18周	18周	18周	18周
必修课	基础模块	1	德育	8	144	144		2	2	2	2		
		2	语立	8	144	144		2	2	2	2		
		3	数学	6	108	108							
	文化课	4	英语	10	180	72	108			3	3		
		5	计算机应用基础	8	144	36	108	4	4				
		6	体育与健康	8	144	144		2	2	2	2		
		7	高级办公应用	8	144	36	108			4	4		
		8	心理健康	2	36		36						
			小计（占总学时33.33%）	58	1044	684	360	10	10	13	13		
	专业通用课	9	货物学	4	72	24	48	4					
		10	会计基础	4	72	24	48			4			
		11	现代物流基础	4	72	24	48	4					
		12	公关礼仪	2	36	12	24	2					
			小计（占总学时8.05%）	14	252	84	168	10	4				
	专业模块 / 专业核心课	13	物流技术实务	4	72	24	48	4					
		14	运输作业实务	4	72	24	48		4				
		15	仓储与配送实务	4	72	24	48		4				
		16	物流客户实务	4	72	24	48			4			
		17	物流企业管理实务	4	72	24	48			4			
			小计（占总学时11.49%）	20	360	120	240	4	8	8			
限选课	物流服务与管理	18	国际货代与报关	4	72	24	48					4	
		19	国际贸易实务	4	72	24	48			4			
		20	港口物流实训	4	72	24	48					4	
			小计（占总学时6.90%）	12	216	72	144			4	8		

续 表

课程类别	课程类型	序号	课程名称	学分	总学时	讲授	实训	各学期周课时和实训实习周数安排					
								第一学年		第二学年		第三学年	
								18周	18周	18周	18周	18周	18周
限选课	专业实践	21	物流综合岗位实训	4	72	24	48					4	
		22	物流员考证辅导	4	72	24	48				4		
		23	企业岗位实习	58	1044		1044					18	18
			小计(占总学时37.93%)	66	1188	48	1140				4	18	18
任选课	拓展模块		第三学期										
			第四学期 电算化,电子商务/叉车	4	72	24	48				4		
			小计(占总学时3.20%)	4	72	24	48				4		
合 计				174	3132	1032	2100	24	22	29	29	18	18

表4-3 高职物流管理专业2年课程设置

课程模块	课程性质	课程编码	课程名称	学分	学时分配			各学期周学时/(周数)				考核方式	
					总学时	理论	实践	1	2	3	4	考试	考查
基本素质	必修	04BX009	毛泽东思想和中社理论概论	2	30(8)	30		2/15					1
		04BX010	思法基础与廉洁修身	2	30(8)	30		2/15					1
		03BX004	大学英语	10	186	186		6/15	6/16			1-2	
		JSBX011	计算机应用基础	3	60	30	30	4/15				1	
		JSBX007	军训和入学教育(含军事理论)	2	32		32						
		JYBX008	就业指导	1	16		16	4/1	4/1	4/1	4/1		4
		07BX012	体育	2	30		30	2/15					1
			小计	22	384(16)	276	108(16)						

续　表

课程模块	课程性质	课程编码	课程名称	学分	学时分配			各学期周学时/（周数）				考核方式	
					总学时	理论	实践	1	2	3	4	考试	考查
专业基础课	必修	0205044	物流经济地理	2	36	18	18	2/18				1	
		0205108	供应链管理	2	36	18	18		2/18				2
		02AA019	市场营销	4	72	36	36		2/18				2
			小计	8	144	72	72						
专业核心课	必修	0205074	EEP 系统操作	3	56		56			4/14			3
		0205113	采购业务处理	3	60	30	30			4/15		3	
		0205114	生产运作管理	3	60	30	30			4/15		2	
		0205117	国际物流单证缮制	4	72	36	36			4/18		2	
			小计	10	248	96	152						
专业核心课	必修	0205118	物流沙盘模拟	1	28		28			1周			3
		0205120	物流仿真综合实训	3	84		84			3周			3
		0205103	顶岗实习及毕业论文	18	504		504				18周		4
			小计	22	616		616						
专业拓展能力	选修	0200016	创业与职业通用能力	3	48	24	24	3/16					1
		0200014	创业启动与运营	1.5/1.5	60	30	30		2/15	2/15			2-3
		0205105	商务沟通与谈判	3 （13）	54 （234）	28	26			3/18			3
		0205122	社交礼仪	2	36	18	18		2/18				3
		0205123	应用文写作	2	36	18	18		2/18				3
			小计	13	234	118	116						

四、结束语

课程衔接是中高职三二分段教育的核心和关键问题，然而我们对中高职课程体系的设计目前只能尽量做到相互独立、相互分工、不重复、不断漏。随着我国职业教育课程改革的逐步深入，需要实现中职和高职课程的系统化，课程的结构和内容设计要按照国家教育部大纲要求及职业标准和职业技能鉴定规范，达到层次结构合理、课程内容全面合理的目标。

参考文献

[1] 关于开展2012年职业院校对口自主招生三二分段试点工作的通知 [Z]. 粤教职函[2012]64号.

[2] 王宇波. 北京市中高职衔接的现实进展与模式设计 [J]. 中国职业技术教育，2011（15）:27-32.

[3] 鲍伟，韩彦方，欧阳志红. 中高职教育衔接中课程衔接的研究 [J]. 职教论坛，2012（2）:144-145.

[4] 高俊文，邹心遥，夏晓冬. 广东省"中高职三二分段"衔接探索 [J]. 教育管理，2012（8）.

第五章 物流人才培养

第一节 港口物流管理人才培养模式研究

一、问题的提出

2015年10月，教育部印发《关于深化职业教育教学改革全面提高人才培养质量的若干意见》，突出强调坚持产教融合，把"产教融合、校企合作"作为新时期全面深化教学改革提高人才培养质量的基本原则；要求职业院校"紧贴市场、紧贴产业、紧贴职业，科学合理设置专业，围绕区域产业转型升级，努力形成与区域产业分布形态相适应的专业布局"；课程建设要"对接最新职业标准、行业标准和岗位规范，紧贴岗位实际工作过程，调整课程结构，更新课程内容，深化多种模式的课程改革"。[1]2017年10月，习近平总书记在党的十九大报告中指出要深化产教融合。2017年12月，国务院办公厅印发《关于深化产教融合的若干意见》，把产教融合作为当前促进经济社会协调发展的重要举措；要求高职院校围绕产业转型升级，校企共同确定人才需求的规格和水平，进行专业设置可行性分析，制定专业发展规划，紧跟新产业、新职业、新技术领域，促进学校专业设置结构与产业发展相适应；通过校企共同开发专业课程、共建实训基地和技术创新中心，促进学生在真实职业环境中增强职业技能；对接最新职业标准，按照企业岗位所要求的知识、技能和职业素养，校企共同开发人才培养方案和课程标准。[2]然而，在"产教融合"人才培养模式的实践过程中，存在各种实际问题，如专业与经济社会发展和区域产业结构优化升级的需求变化不相适应；专业人才培养目标和规格不能对接最新的课程体系与最新职业标准、岗位规范；课程体系不能以职业能力为主线构建等。尤其随着我国智慧港口的快速发展，高职港口物流管理人才培养存在的问题变得更加突出和明显，如课题体系和智慧港口的行业发展脱节，人才培养目标和规格定位模糊，实训基地建设滞后和缺乏，等等。基于此，广东科学技术职业学院港口物流管理专业开展深度产教融合、精准育人的探索，从产教融合平台、培养目标、课程体系、教学条件、师资建设等方面进行人才培养模式的创新和实践，推行产教融合的港口物流管理人才培养模式改革，以期为相关专业高级技术技能型人才培养提供借鉴。

二、产教融合的港口物流管理人才培养模式实践探索

2.1 面向粤港澳大湾区及智慧港口产业转型升级，开展人才培养模式探索

2017年3月，李克强总理在政府工作报告中提出粤港澳大湾区，它是与美国纽约湾区、旧金山大湾区和日本东京湾区并肩的世界四大湾区之一，粤港澳大湾区以香港港、广州港、深圳港、珠海港等为主的港口吞吐量已居世界第一，被誉为"超级港口群"。随着物流网、移动互联网、大数据、人工智能等先进技术的发展，传统港口正迎来产业升级的新机遇，交通运输部发布的《交通运输信息化"十三五"发展规划》明确指出大力建设智慧港口和智慧海事，提高港口管理水平和服务效率。目前，我国上海港、青岛港、厦门港等已实现智慧港口，智慧港口成为我国智能交通发展的必然方向。

广东科学技术职业学院港口物流管理专业瞄准互联网+智慧港口的专业定位，与珠海港集团深度融合，组建了"珠海港集团项目班"，开展了共同确定人才培养目标和规格、共同构建课程体系、共建广东省实训基地、互聘共培师资团队等探索实践。

2.2 构建产教融合平台

校企深度融合是人才培养模式改革取得成效的前提。珠海港集团业务涵盖港口码头、航运、物流供应链等各大板块。我校与珠海港集团签订了校企战略合作协议，共同搭建了各种产教融合平台：如珠海港集团项目班、港口物流管理省级实训基地建设平台。珠海港集团规模大，业务广，对高技术技能型人才的需求量大，参与产教融合的积极性和主动性非常高，这为校企深度融合提供了有力保障。

2.3 明确人才培养目标和规格

我校针对学生毕业3~5年后能够达到的职业和专业能力开展调研，选取粤港澳大湾区的政府、协会、企业、兄弟院校、毕业生，通过调查问卷等形式开展调研，共发放问卷500份，收回问卷430份。此外，我校针对人才培养目标，实地走访企业，针对智慧港口的人才需求，电话调研了上海洋山港等智慧港口。在大量调研的基础上，针对未来智慧港口的人才需求，提出本专业的培养目标和规格为：培养熟练掌握智慧港口码头业务管理、国际航运业务管理、物流信息技术、港口供应链系统仿真与优化、世界港口与航线等知识，具有智能码头业务管理、国际货运代理业务、报关报检业务等能力，拥有自主学习创新、沟通合作、吃苦耐劳、认真负责等素质，面向粤港澳大湾区，能够从事智慧港口急需的智能中控、智能策划、国际航运管理、国际贸易、国际货运代理、报关报检、港航大数据分析、港口供应链系统仿真与优化等岗位需要的高素质技术技能型人才。

2.4 构建工作领域与职业能力

我校选取了来自码头操作部、商务部、国际货代公司、报关报检公司、国际供应链公司等企业，邀请多名具有丰富工作经验的企业专家，组建实践专家团队，召开实践专家研讨会，对接粤港澳大湾区智慧港口产业转型升级，共同研讨并明确专业所面向的岗位群，梳理实际工作的典型工作任务。经过实践专家研讨会，现已形成较清晰的大纲，在思考和梳理国家职业能力标准、合作企业的岗位说明书等资料的基础上，最终形成了港口物流管理专业的工作领域与职业能力，见表5-1所示。

表5-1　港口物流管理专业工作领域与职业能力分析

编码	能力描述
工作领域1 集装箱码头业务	
模块1 集装箱码头船舶到离港作业	
1-1-1	能够正确辨识集装箱船舶的类型、参数、船图和结构特征
1-1-2	能够根据船舶预报到港情况进行合理的泊位策划
1-1-3	能够协调码头、船公司、外代、海事等编制船舶到离港计划
模块2 集装箱码头装卸作业	
1-2-1	能够正确辨识装卸设备的性能及参数
1-2-2	能够根据船舶进出口箱单资料，合理安排装卸计划及工艺方案
1-2-3	能够根据装卸计划，合理安排船舶作业顺序、设备及劳力
模块3 集装箱码头堆场管理	
1-3-1	能够正确辨识堆场机械设备的性能及参数
1-3-2	能够根据船舶进出口箱单资料，编制堆场计划
1-3-3	能够根据堆场计划，合理安排提箱优先级顺序、设备及劳力
1-3-4	能够根据拼箱资料，编制集装箱货运站的拆装箱作业计划
模块4 集装箱码头闸口管理	
1-4-1	能够正确核对集装箱设备交接单，完成资料录入、单证整理及保存工作
1-4-2	能够正确完成集装箱拖车进出闸确认工作
工作领域2 散杂货码头业务	
模块1 散杂货船舶靠离港作业	
2-1-1	能够辨识散杂货船舶的类型、结构等特征
2-1-2	能够根据散杂货码头泊位的基本情况，编制船舶靠离计划
模块2 散杂货码头船舶装卸作业	
2-2-1	能够阐述装卸设备的种类、结构、功能和效率
2-2-2	能够正确安排船舶装卸计划及工艺方案
2-2-3	能够根据工艺方案，合理安排劳力、机械设备及泊位
模块3 散杂货码头堆存管理	

续　表

编码	能力描述
2-3-1	能够阐述机械设备的种类、结构、功能和效率
2-3-2	能够正确编制货物堆存和仓库货位使用的计划，制定工艺方案
2-3-3	能够根据工艺方案，合理安排劳力、机械设备、库场及仓库货位使用
2-3-4	能够利用水尺目测、地磅、皮带秤等工具正确计量，记录散杂货的重量
2-3-5	能够制定防尘、防毒、防暑降温和预防事故的措施
模块4 散杂货码头集疏运作业	
2-4-1	能够与货主、铁路、车队等沟通协调，编制集疏运计划及工艺方案
2-4-2	能够协调海事、海关、铁路部门和代理等外部单位，搞好车、船、货的衔接，确保港口集疏运畅通。
工作领域3 国际货运代理业务管理	
模块1 揽货	
3-1-1	熟悉客户开发流程，设计客户拜访方案并实施
3-1-2	能够根据船公司、航线、港口、货主等信息，制作合理的销售单，审核客户委托书
模块2 海运货物业务	
3-2-1	能够按照海运代理流程进行整箱、拼箱的订舱
3-2-2	能够安排拖车、提箱装箱、理货等业务
3-2-3	能够正确填写订舱单、提单等单据
3-2-4	能够正确计算海运整箱和拼箱的运费
模块3 空运货物业务	
3-3-1	能够按照空运代理流程进行空运订舱、填制空运单
3-3-2	能够正确计算空运运费
工作领域4 报关报检业务	
模块1 报关准备	
4-1-1	能够正确审核客户提供的全套报关单证，签订报关委托书
4-1-2	能够根据商品名称查找海关商品编码
模块2 制单及电子申报	
4-2-1	能够按照海关要求及客户提供的资料熟练地填制报关单
4-2-2	能够核对报关单并分析差错原因，确保需要提交的报关单正确

编码	能力描述
4-2-3	能够熟练操作海关 QP 系统进行在线申报
模块 3 现场作业	
4-3-1	能够办理进出口货物、保税货物等现场交单、缴纳税费、提取或装运货物等现场作业
4-3-2	能够根据货物特性，准确计算完税价格、关税、增值税、消费税等税费
工作领域 5 港口供应链系统仿真与优化	
模块 1 集装箱码头业务流程仿真与优化	
5-1-1	能够根据集装箱码头布局及设施设备情况，进行泊位、堆场、闸口等区域的建模与仿真
5-1-2	能够根据箱单资料，进行进口卸船与出口装船业务流程建模与仿真
5-1-3	能够根据码头实际案例，对局部堆场工艺或拖车行驶路线进行仿真与优化
模块 2 散杂货码头业务流程仿真与优化	
5-2-1	能够根据散杂货码头布局及设施设备情况，进行码头各区域建模与仿真
5-2-2	能够按照散杂货的重量和体积，进行进口卸货和出口装船业务流程建模与仿真
5-2-3	能够根据码头实际案例，对货物装卸或堆存的局部流程进行仿真与优化
模块 3 商务与通关流程仿真与优化	
5-3-1	能够根据码头商务实际案例，进行货主、货代、船公司、船代、码头等环节的时间建模，通过系统仿真，提出优化方案
5-3-2	能够根据通关实际案例，进行单证准备、单证审核、报关单填制、审单、QP 网上申报、现场递单、报检、税收、收费等环节的时间建模，通过系统仿真，找出瓶颈，提出优化方案

2.5 构建课程体系

校企专家共同确定工作项目和工作任务对职业教育的具体要求，通过问卷调查和实地调研的方式，邀请实践专家从专业工作角度进行论证，设计出各职业能力的重要性、难易程度、出现频率三个调查指标并赋予分值。根据企业专家的反馈，对相关内容进行必要合并、删除或者保留，完善形成港口物流管理专业的课程体系。如表5-2所示。

表5-2 基于工作过程系统化的港口物流管理专业课程体系

第一阶段	专业基础	港口物流职业与岗位认知、世界港口与航线、货物学基础、仓储与配送、物流信息技术、集装箱运输与多式联运、国际贸易实务
第二阶段	专业核心	国际货运代实务、报关报检实务、码头业务管理、港航商务管理、港口供应链系统仿真与优化、模拟智慧码头综合实训
第三阶段	珠海港项目班	港口操作子项目、港口商务子项目、货代报关子项目、系统仿真优化子项目

2.6 构建三阶段三类培养的"3+3"人才培养模式

在三阶段三类培养的"3+3"人才培养模式下，第一个"3"是指三阶段：第一阶段，学生在智慧教室学习专业基础知识，采用先进的VR技术进行智慧码头的认知学习；第二阶段，学生在校内实训基地通过分组实操，以货代、报关、码头操作、码头商务的岗位身份完成企业的真实项目，并在校内模拟智慧码头完成自动化设备远程操控、智能理货、自动化AGV小车操控、智能闸口管理等模拟智慧码头综合实训；第三阶段，通过选拔学生进入珠海港集团项目班，在校外兼职教师和校内指导老师的共同指导下，提高解决实际问题的能力。第二个"3"是以学生为中心进行分类培养：第一类，学生毕业后在港口物流行业的港口商务、港口操作、货代报关等相关岗位，从事操作管理的高素质技术技能人才；第二类，学生毕业后在政府、集团总部从事港口与供应链流程优化的创新人才；第三类，学生通过高本衔接，毕业后在国内外本科院校继续学习，从而提高人才培养规格。

2.7 校企共建省级实训基地

根据人才培养需要，校企合作共同设计校内实训基地方案，并获得广东省教育厅立项，该实训基地包含了智慧港口VR认知区、设备认知区、智慧教室、模拟智慧码头、系统操作区等区域，融入了VR、RFID、AGV全自动无人小车等智慧港口的先进信息技术。

2.8构建"专兼结合、互聘共培"的教学团队

一方面，聘请具有丰富经验的行业企业能工巧匠作为兼职教师，兼职教师和专任教师共同开发课程，设计教学情境和教学内容，业师协同完成智慧港口综合实训等综合实践课程，并在校外实训基地承担指导项目班学生的任务；另一方面，制订专任教师发展计划，通过下企业顶岗锻炼、境内外培训等方式，提高教师的双师素质；同时，实施双带头人制度，聘请企业具有丰富经验的企业管理者作为专业的兼职带头人，参与专业人才培养方案制订、专业建设和师资队伍建设等重要工作。

参考文献

[1]刘立新.以产教融合理念统领职业教育教学改革创新[N].中国教育报，2015-10-8(9):1-2.

[2]本刊编辑部.深化产教融合笔谈会[J].中国职业技术教育，2018(1):16-32.

[3]Allan Klingstrom. Cooperation Between Higher Education and Industry[M]，Uppasal Uniwersity Press,1987:47.

[4]闫妍、张学英.德、美、日职业教育匹配产业结构演进及对我国的启示[J].教育与职业，2018(1):78-84.

[5]李博.基于"产学官合作"的日本实践型高职教育模式[J].教育与职业，2017(7):104-109.

第二节　教学企业文化建设实践探索

一、教学企业简介

广州昊王教学企业（又名哈淘电子商务学院）是经管学院和广州昊王皮具有限公司于2012年共同建设的教学企业。

1.1 广州昊王皮具有限公司的简介

广州昊王皮具有限公司成立于2007年，位于广州市花都区花东镇金田工业区，毗邻广州新白云机场，交通便捷。工厂总占地面积4万平方米，公司下设硬壳箱厂、布箱厂、配件厂、物流中心、仓储中心、产品开发中心、网络营销中心，以及遍布全国的二十多个分公司，是集研发、生产、销售及服务于一体的国际箱包企业。目前公司拥有近1000名员工，其中技术、设计、研发团队达100多人，专业生产"花花王子"品牌的箱包，年产量达120多万个。公司自有品牌"花花王子（PARTYPRINCE）"产品款式超千种，已同世界多个知名品牌合作。远销欧美、中东、东南亚等地。公司目标是做世界上销量最大、品质最好、外形最时尚并且让每个人都消费得起的产品，让"花花王子"（PARTYPRINCE）成为箱包行业的第一时尚品牌。2012年6月何炅牵手"花花王子（PARTYPRINCE）"，成为"花花王子（PARTYPRINCE）"的品牌形象代言人，公司正以日新月异的面貌迎接挑战、超越自我，朝向国际化、最优化的目标努力迈进。

广州昊王皮具有限公司在行业内发展迅猛，曾经只有几十人的公司发展到如今的上千名员工，在行业内成为一颗耀眼的明星。企业管理层一直坚持"企业三年靠运气，企业十年靠管理，企业百年靠文化"的理念，认为文化不仅是民族的血脉，人民的精神家园，更是一个企业从平凡走向卓越的基石。一个没有文化底蕴的企业，无法鹤立鸡群，成为百年名企。

总之，广州昊王皮具有限公司是一个具有优秀企业文化的大型企业，内部管理层和员工都呈现出很强的团队凝聚力和责任心，拥有积极向上的精神面貌。

1.2 广州昊王教学企业（又名哈淘电子商务学院）的简介

广州花都是全球皮革皮具行业名牌最集中的地区，和广州昊王皮具有限公司一样，绝大多数皮具企业都需要依赖阿里巴巴和淘宝网等电子商务平台进行销售，因此需要大量电子商务人才。在这种需求下，广州昊王教学企业（又名哈淘电子商务学院）在花都区政府的支持下，由广州昊王皮具有限公司依托岭南网商会几百家会员企业，与经管学院合作共建的校外教学企业。其师资大多来自淘宝大学、企业电商运营总监、运营主管等具有丰富实战经验的电商精英和我校电商专业的部分教师，采取"教、学、做"一体化的教学模式。

该教学企业旨在为国内外电子商务行业培训销售、美工、客服等人才，主要面向应届毕业生、电商企业在职人员等有志进入电商行业和需要提升电子商务实践经验者。主要过程是：（1）在广州昊王教学企业经过1个月的理论学习；（2）到企业进行1个月的实践实习；（3）实习期满，企业与学员可双向选择，所有标准依据市场，创建了毕业生和企业之间的平台。学员到广州昊王教学企业学习不需要支付学费；企业不需要向学生支付实习工资；实习期满，企业录取实习人员，无须支付人头费。

广州昊王教学企业作为经管学院的校外教学企业，需要融合学校和企业的双元文化，同时不同于工科类生产型教学企业，需要建设适合电子商务销售和客服的"经营服务型"的企业文化，才能使该教学企业长期持续健康地发展。

二、教学企业的文化内涵

教学企业也是特殊的企业，是以专业教学和企业运营为目的的企业，同时要兼顾技术研发和社会服务等企业功能。因此，在对广州昊王教学企业研究过程中，我们在企业文化建设的理论基础上，探索了教学企业文化的内涵、教学企业文化建设的关键流程以及模式。

"教学企业"是由学校和企业共同建设，融合双方优势资源和育人环境，将学校的教学活动与企业的生产过程紧密结合，集生产运营、专业教学、实训实战、社会服务等功能于一体，并按市场机制运营的经营实体。

教学企业也是特殊的企业，需要兼顾专业教学和企业运营的双重目的，融合学校和企业的双元文化，因此，教学企业的文化建设也要围绕企业文化的四个层次开展，主要包括物质层、行为层、制度层和精神层。

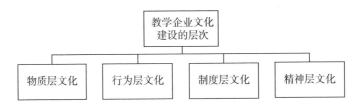

图 5-1 教学企业文化建设的四个层次

广州昊王教学企业（又名哈淘电子商务学院）是经管学院和广州昊王皮具有限公司共同创办的校外教学企业。该教学企业旨在为国内外电子商务行业培训销售、美工、客服等人才，在2012年11月11日"双十一"购物节中，经管学院的学生全程参与推广、美工、客服、跟单、售后等工作，经过24小时奋战，"双十一"当天销售额达到300万元。因此，不同于工科专业的生产型实训基地，更注重谨慎、稳定等文化因素，广州昊王教学企业注重充满激情、服务意识、团队通力合作、业绩评比等"经营服务型"企业文化因素。

三、教学企业文化建设的实践研究

3.1 教学企业的物质层文化建设

物质层是指各种物质设施等构成的器物文化，是一种以物质形态加以表现的表层文化。包括教学企业提供的产品和服务、教学企业环境等。广州昊王教学企业提供的是电子商务平台，为在校生提供培训，以便于毕业后更好地就业和创业，同时为企业储备电子商务人才。起初在选择广州昊王教学企业的创办地址时，经管学院为了学生学习方便，希望能够把教学企业建设在学校校园内，却遭到了企业的拒绝。企业认为学校的校园文化是一种较封闭的文化，传统的东西多，创新的东西少，和社会经济活动接触少，比较松散，缺少竞争，即使学校的教室等硬件环境较好，也很难达到提升学生竞争和服务的意识，需要把学生放到真实的电子商务企业的环境中才能够得到锻炼。然而，放在广州昊王皮具有限公司也是不现实的，企业的工作内容、流程、人员等都比较固定，一期接受了20多位学生去广州昊王皮具有限公司跟着电子商务的工作人员实践学习，给企业的正常运行带来很大的负担。可见，需要建立一个校企文化兼容的环境，这里既可以方便地随时接纳学生实践学习，同时也可以和竞争激烈的电子商务企业紧密接触，紧跟行业的细微变化。鉴于此，经过校企双方共同探讨，认为广州昊王教学企业应该定位在广州花都，离广州昊王皮具有限公司较近，周围有很多实力强的电子商务企业，师资、产品、毕业生输送等都有了一个较好的平台，并且广州昊王教学企业坐落在淘淘乐商务中心二楼，整个大楼共9层，都由广州昊王皮具有限公司承办，其他楼层均为电子商务创业者提供平台，学生接触创业的机会更多，创业者也可以直接从哈淘吸取知识、实战经验和新的员工。广州昊王教学企业的环境选取得当，为日后的行为层、制度层和精神层的建设打下了坚实的基础。

3.2 教学企业的行为层文化建设

行为层文化是指员工在生产经营及学习娱乐活动中产生的活动文化。指企业经营、教育宣传、人际关系活动、文娱体育活动中产生的文化现象。对于广州昊王教学企业，从企业家行为、企业模范人物行为和学员行为三个方面来剖析文化的建设。

（1）企业家行为

广州昊王教学企业的创始人是广州昊王皮具有限公司的总经理吴书星先生。他是来自福建的年轻企业家，他的企业家精神可以概括为：善创新、肯吃苦、敢冒险、能自主，对市场的悟性高，商业嗅觉灵敏。2006年，他创建了花花王子品牌，通过招聘精英，半年内业绩突飞猛进，在50个城市火热销售。2007年创建实体工厂，三年时间，从几十人的小工厂，壮大到1000多人的大工厂，从2004年兜里只有600元的货车司机，发展到拥有一亿资产的企业家。企业站稳了脚跟，他并没有沾沾自喜，面对行业的激烈竞争，作为中小企业，他意识到能在经济危机的寒冬中突围而出，必须建立企业文化。"铁打的营盘流水的兵"，通过企业文化才能留住人才，这是企业生存的根本。因此，吴书星的企业家行为对该教学企业的影响深远，广州昊王教学企业营造一种家庭氛围，学生在该教学企业像在家一样，没有太大的压力，提高了学习和工作的主动性。吴书星认为，教学企业就像一艘船，建船不容易，让这艘船在风浪中远航更不容易，因为不光要看船的质量，更重要的是看船上的人有没有共同的梦想和过硬的航海技术。

（2）企业模范人物行为

企业模范人物是企业的中坚力量，他们的行为在整个企业行为中占有重要的地位。在具有优秀企业文化的企业中，最受人敬重的是那些集中体现了企业价值观的企业模范人物。这些模范人物使企业的价值观人格化，他们是企业员工学习的榜样，他们的行为常常被企业员工作为仿效的行为规范。

广州昊王教学企业中有两个人的模范行为较为显著，他们成为学生学习的榜样。

易云是广州昊王教学企业的执行院长，他负责整个广州昊王教学企业的日常管理和运作，作为执行院长，他具有丰富的电子商务实战经验，但仅27岁，初中辍学独自去北京大学旁听一年，回到广东后在携程网做电子商务销售，销售业绩排名第一。阿里巴巴高薪聘请他去做广州花都区的阿里巴巴销售，他业绩突出，在花都区积累了广泛的企业家人脉。把广州昊王教学企业创建成为一个校企平台，他起到了非常重要的作用。他的模范行为可以归结为：年轻、人脉广、敢做敢闯、行动力强、思维敏捷。他的行为鼓舞着去广州昊王教学企业锻炼的学生虽然年轻但能通过电子商务创业的决心。同时，他用模范行为告诉学员：人脉基础是职业发展的关键，鼓励学员积极拓展人脉，积极主动与人沟通交往。

张三锋是广州昊王教学企业的项目总监，他负责国际电子商务（阿里巴巴平台）的项目。大学期间加入安利公司，大学毕业时已发展了50人的团队，具有很强的销售能力和团队管理能力，回到广东后2年内先后在3

家外贸公司从事电子商务外贸销售工作，最后创建了自己的外贸公司，在阿里巴巴销售平台上，他的产品在同行中销量领先。他年仅25岁，大学毕业仅3年时间。他的行为鼓舞着国际贸易专业学生，起到了很好地表率作用，学员不再认为前途渺茫，三锋成为了学员行为的榜样。

（3）学员行为

学员主要是由经管学院电子商务和国际贸易专业高年级的学生组成。从他们在学校的行为来看，容易懈怠、较松散，注意力容易不集中，对外在环境抱怨多，缺乏团队精神，缺乏体育锻炼。在学校文化中，经常采取说教的方式，不但没有积极作用，反而加强了反感情绪。在广州昊王教学企业的实践探索中，同样遇到了这些问题，几个学员的消极行为影响到绝大多数人的行为，因此规范整体学员的行为尤为重要。员工是企业的重要资本，学员也是教学企业的重要资本，一个教学企业无论规模大小，要想长期生存、发展下去，就必须彻底改变学员学习和工作上的懈怠情绪与纪律上的松散状况。

有什么办法能够使学生愿意并热爱在广州昊王教学企业学习，并且能够积极地投入其中呢？我们认为"获得承认，得到尊重"是每一个人的愿望，没有人从内心是自甘落后的，因此，我们大力宣传学员的积极行为，主要通过在公众场合鼓励和引导等方式，让大多数人在积极的行为中获得承认并得到尊重。例如，第一批学生刚到广州昊王教学企业的时候恰好是夏天，宿舍没有空调风扇，引起学员的普遍抱怨，虽然还没有接触到实践学习内容，但是很多学员已准备立刻放弃在广州昊王教学企业这一个月的锻炼机会，这种行为如果处理不当，将可能导致未来没有学员愿意在广州昊王教学企业实践学习，但通过安装空调来解决问题，显然也不符合实际。在这种情况下，我们把学生的行为分为三种，一种是坚定回学校；一种是犹豫是否回学校；一种是不抱怨，平心静气，第二天等待培训的内容。那么在全部学员在场的时候，我们大力表扬第三种学员，条件艰苦可以修炼身心，锻炼更加坚忍不拔的意志，希望每个同学抓紧机会锻炼自己的意志力，第三种学员行为受到肯定，他们被承认后会更加积极地作为，其他人也会受到影响，转变消极心态。

3.3 教学企业的制度层文化建设

制度层文化是企业为实现自身目标对员工的行为给予一定限制的文化，它具有共性和强有力的行为规范的要求。它规范着企业的每一个人。企业的制度文化是行为文化得以贯彻的保证。

广州昊王教学企业的制度层文化，是校园制度和企业制度双元文化制度的融合。校园制度主要包括教学目标、教学内容、教学过程等人才培养方案以及学生考勤、学习成绩等学生规范。这种文化以育人为本，按部就班。企业制度是为了实现企业的价值最大化，更强调团队协作，打破常规解决实际问题。广州昊王教学企业的制度既要以育人为本，同时又要融入企业竞争，通过各种文化活动等竞赛培养学员的团队意识、合作精神、沟通能力、集体荣誉等企业文化素养。我们在实践探索中，探索出行之有效的几种制度：

（1）问好制度

老师上课时要向学员问好"同学们好"，学员要以更好的精神状态向老师问好并按节拍鼓掌"好，很好，非常好"。这个制度是保险公司、直销公司等很多营销类公司在培训时的惯用制度。问好表面上是一种制度，实质上是学员素质的体现，是企业文化的体现。在一个懂得自尊和互相尊重的集体里，在一个气氛融洽、心情舒畅的团队里，见同事招呼、见顾客问好是再自然不过的事。我们提倡，问好从自身做起。问好制度不仅仅是问好，还包含了为顾客服务的各方面内容的延生，这种制度的核心理念是"一切以客户为中心"，让顾客有"宾至如归"的感觉，有被受尊敬的自豪感。尊重顾客的同时得到顾客的认同，这是"双赢"的体现。作为电子商务的校外实训基地，培养"以顾客为中心"的服务理念对学员的未来发展尤为重要。

（2）晨练制度

在学校期间，很多同学上午第一节课容易迟到，即使到了教室也很难进入学习状态，为了使学生学习和工作精力充沛，增进员工间的感情，增强全员团队意识，锻炼良好的体魄，我们制定了晨练制度：全体学员每天清晨在花都湖边集中，一起练太极。学员在娱乐中锻炼了身体，保证了学习和工作的精神状态，增强了团队精神。

（3）团队小红花激励制度

团体即组织，团体意识是指组织成员的集体观念。团体意识是企业内部凝聚力形成的重要心理因素。企业团体意识的形成使企业的每个职工把自己的工作和行为都看成是实现企业目标的一个组成部分，使他们对自己作为企业的成员而感到自豪，对企业的成就产生荣誉感，从而把企业看成是自己利益的共同体和归属。因此，他们就会为实现企业的目标而努力奋斗，自觉地克服与实现企业目标不一致的行为。

团队小红花制度，是对考勤、学习表现等团队日常管理的激励制度，从而调动学员的潜能，发挥高效的团队力量。和学校课堂的团队合作有所不同，我们希望团队中的优秀者能够帮助落后者，每个人都能够参与日常的教学活动，因此，团队最终不是以小红花的总数量多少来衡量是否取胜，而是兼顾是否每个团队成员都参与了，是否每次都是团队的优秀者获得的小红花等因素，来判断团队的合作精神。

（4）文化活动竞赛制度

每期学员在广州昊王教学企业学习之余，按照团队准备文娱活动，在花都政府的支持下，参与大型文娱比赛，让学员明白特长对职业的发展同样重要。每天的艰苦训练也锻炼了他们吃苦耐劳的精神，增加了团队情感和团队合作的默契，并增强了自信心。

3.4 教学企业的精神层文化建设

精神层文化是指在企业生产经营过程中，受一定的社会文化背景、意识形态影响而长期形成的一种精神成果和文化观念。包括企业精神、企业价值观等，它是企业意识形态的总和。

广州昊王教学企业经过一段时期的经营，形成了如下的精神层：

企业的定位：新商业（电子商务）人才实践教育基地；

使命：为新商业人才服务，成就商业文明之家；

愿景：成为卓越的新商业人才实践教育服务机构；

精神：乐在其中，借假修真；

哈淘人：稳定、责任、诚信、价值；

与哈淘合作的味道：哈淘是非盈利性新商业人才实践教育机构。

从实践的结果可见，在2012年8月至2013年11月一年多的项目研究期内，输送电子商务专业和国际贸易专业5期共230多位学生去广州昊王教学企业学习并成功就业和创业，5期学生均热爱并珍惜在广州昊王教学企业实践学习的机会，非常认同该教学企业的文化，调查显示，通过在广州昊王教学企业锻炼的学生，更具有职业素养和创业的基本素质。

3.5 教学企业文化建设的关键流程

广州昊王教学企业文化内涵的建设按照企业文化建设的关键流程展开，基于教学企业特有的性质和经营模式，通过文化诊断、理念设计、行为规范设计、制度梳理、VI设计和文化推广等阶段进行。

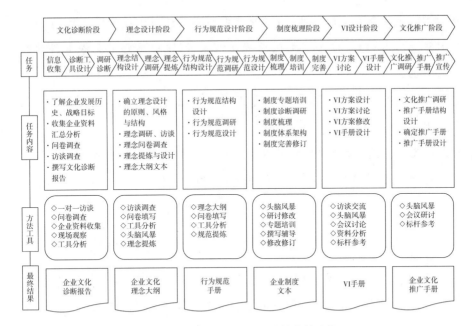

图 5-2　教学企业文化建设的关键流程

参考文献

[1] 胡颖蔓.高等职业技术学院校企合作长效机制的研究与探索[J].教育与职业，2009（11）．

[2] 贾春峰.对二十一世纪中国企业文化发展趋势的几点看法[J].企业文化,2000（10）．

[3] 刘景南.企业文化建设的几点思考[J].河南化工，2009（34）．

[4] 丁远峙.管理的终极智慧——企业文化[M].深圳：海天出版社，2010.

[5] 王吉鹏.企业文化建设[M].北京：中国发展出版社，2005.

[6] 马倩.民办高校企业文化与校园文化在实践中的双向融合与建构[J].商业文化，2012（3）．

[7] 赵盛林.新形势下加强企业文化建设的探讨[J].经济师，2008（10）．

[8] 杨振炳,杨娟.企业文化——企业管理的"灵魂"[J].管理科学文摘，2007（9）．

[9]郭慧.浅谈企业文化的建设[J].重庆电力高等专科学校学报，2010（4）.

[10]邓素林.高职院校企业文化教学改革探析[J].桂林师范高等专科学校学报，2012（3）.

[11]帅捷.新形势下高职教育教学改革的几点探讨[J].信息系统工程，2011（8）.

[12]包发根.将优秀企业文化融入学校——高职院校如何全方位、深层次推进产学研结合[J].高等农业教育，2005（2）.

第三节 新加坡教学工厂长效运行机制与启发

近年来，新加坡南洋理工学院的"教学工厂"已经成为中国教育政府部门、高等职业学院的热门研究话题。在中国知网文献总库以"教学工厂"为主题关键词进行搜索，截至2013年8月下旬，文献总数达503篇。其中，189篇重点研究"教学工厂"的理念，267篇重点研究"教学工厂"的模式，其余47篇主要围绕特定地区、特定学院或特定专业在新加坡南洋理工学院"教学工厂"的启发下，提出具体的建设思路。

广东科学技术职业学院作为国家骨干院校，"教学工厂"的理念和模式已经建立多年，然而，和国内大多数高职院校一样，"教学工厂"缺少一个行之有效的长效运行机制，以至于很多雄心勃勃建立起来的"教学工厂"逐渐流于形式，无法正常地、可持续地开展日常教学工作，对教育资源造成了极大的浪费。因此，如何建立行之有效的"教学工厂"运行机制决定了高等职业院校"教学工厂"的可持续发展，从而影响着中国高等职业教育的发展。中国知网文献总库的搜索结果显示，"教学工厂"运行机制的研究目前在国内还是空白。

本文作者于2013年8月12日至23日赴新加坡南洋理工学院重点考察其"教学工厂"的长效运行机制，并通过相关的学术研究和思考，初步总结使其长期有效运行的机制，供相关学者和教学工作者参考。

一、"教学工厂"运行机制的内涵

"教学工厂"的运行机制是指其生存和发展的内在机能及其运行方式，是引导和制约"教学工厂"的管理者和教学者决策各项活动的基本准则及相应制度。为了保证已建立的"教学工厂"各项工作的目标和任务能够真正实现，必须建立一套运行机制，它能使"教学工厂"的各项活动协调、有序、高效运行，以增强内在活力和对外应变能力。

二、新加坡南洋理工学院"教学工厂"的运行机制

新加坡南洋理工学院的独特办学优势即"4C"理念，包括组织文化、创新理念、能力开发和校企合作，经过多年的推行，现已形成引导和制约"教学工厂"的各项活动的基本准则及相应制度，成为独具特色的运行机制，从而保证"教学工厂"在建立了成功模式的基础上能够长期有效运行。

2.1 双轨教学组织机制

企业的项目是全年不间断的，"教学工厂"在承接了企业项目后，需要双轨教学组织机制，保证校内项目和学生实习的连贯性。企业要求的技术和人员，学院都可以随时随地提供可靠的保证，这样企业才能与学院长期合作，"教学工厂"才有了原动力。在坚持"教学工厂"项目平台的基础上，学院承接专能开发和教师的专业培训工作，为"教学工厂"的可持续发展奠定基础。学生在第三学年被分为A组和B组，第三学年也分为2个阶段，每个学生在第三学年都要完成一个学期的企业急需的新技术的专业学习、3个月的全日制"教学工厂"项目和企业顶岗实习。使得"教学工厂"随时紧跟企业最新技术改变，同时适应企业的生产运行计划。

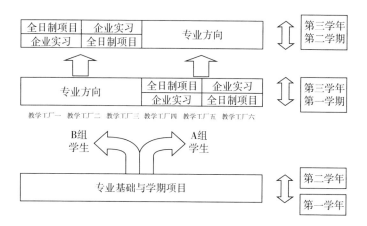

图 5-3　双轨教学组织机制

2.2 知识库共享机制（AES）

新加坡南洋理工学院的 AES（Accumulated Experience Sharing）系统是指经验积累分享系统，通过项目经验知识库，保存了企业项目的经验和知识，提高了学生对企业项目解决方案的了解，促进了教师间的知识和经验分享，同时提高了项目经验分享和再创新的效率，可见，AES 是"教学工厂"创新的原动力。1994 年启动 AES 方案，1998 年开展电子版 AES 实现校园网络化。2000 年自主开发混合式快速信息搜索器，提高了共享的效率。目前 AES 已经储存了超过 5000 多个项目，大量的信息因为有效的机制而使得知识库能够长期有效运行。（1）由学校牵头形成统一的标准项目模板，以便项目知识，资料及经验的有效储存。资料的种类包括：文字、音频、录像、图像、图形动画和多媒体对象。（2）通过文件规定项目储存的过程即经验的共享，胜过项目成果的共享。（3）学校管理层需要建立 AES 工作委员会，委员会的注册主任即 AES 的管理员都是各系主任，系主任带领各学系"教学工厂"的经理共享并使用知识和经验。（4）规范 AES 的工作流程周期：由各"教学工厂"进行内容创作，经理负责修改、校对和选择适合分享的内容，AES 管理员即系主任进行分类与加保，AES 工作管委会进行审查与批准，最终由 AES 系统管理员进行发布。（5）AES 的知识和经验根据企业技术的敏感度分为机密、保密。限制三个控制级别，学生、教职员针对不同的分类获取授权后，通过个人账号和密码访问 AES。

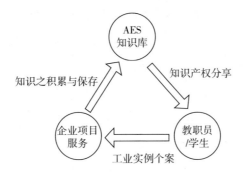

图 5-4 AES 知识库共享机制

2.3 无界化合作机制

"无界化"是南洋理工学院建校开始就确立的思路，一直沿用至今。整个学院的建筑布局无界化是其一大特色，强化了不同学系的学生与"教学工厂"之间的合作与交流。因为实际企业的项目是不分界线的，无法看到工程之间的界线或者学科专业之间的界线，因此"教学工厂"需要彼此协调融合、相互合作才能满足企业的项目需求。那么，如何保持无界化合作的精神就需要一套有效的合作机制。（1）无界化的教职工人力资源培育环境。教师通过轮岗、调职、自我提升、从事跨学科项目组、国外考察、企业实习等学校提供的多元机会，无限可能地发挥个人优势。（2）无界化的教职工绩效考核制度。南洋理工学院的价值观认为，教职工必须具有"肯干"精神、无界化团队意识、发展创新意识和培育与爱心。不难看出，无界化已经作为教职工考核的重要组成部分。（3）无界化网络平台。通过知识库共享平台 AES，教职员和学生可以不断地吸收跨专业的知识和经验。（4）通过"教学工厂"的企业实际项目，促进不同学系间的项目合作及教学活动交流。

2.4 用人机制

人才是"教学工厂"可持续运行的关键，南洋理工学院招聘的教师都必须具有至少相关岗位3~5年工作经验，每年都必须跟着项目去企业学习。资深经理在开发企业项目的同时，带领1~2个校内教师学习企业项目，了解最新的企业需求和最新技术。（1）招聘机制。在招聘初期，招聘人员使得应聘教师认可现在教师的工作内容，不仅仅包括教学工作，还有教学行政工作，学生辅导与管理工作，校企联系工作，项目与科研工作，项目导师工作，学院宣传工作和学生竞赛，课表安排等其他工作，使得愿意进来的教师已经做好了充分发挥的思想准备。（2）职员职前引导机制。通过融冰活动、人事政策学习、探险活动、财务系统学习、ISO9001/14004学习、参观各学系等节目，深入了解学院现状，心理上做好充分准备，从而快速进入教师角色，提高了人才发挥潜力的效率。（3）无货架寿命培训机制。商品都有货架期，下架的商品被新商品所替代，成为废品。对于教师来讲，通常生理年龄作为货架期，年龄越大培训深造的机会越小。然而，南洋理工学院不以生理年龄作为依据，而是以事业心、进取心作为标准，学习能力强、进取心强的教师，即使即将退休，同样能够获得充分的培训和升职的机会。每年有20%的教师到国内、外高校、企业或研究单位等接受培训，人均每年30天。

2.5 ISO9001质量保障机制

"教学工厂"的长效运行不能仅仅靠几位出色的老师全力支持，而是需要一套质量保障体系保证执行策略和方式符合目标和计划，并且与时俱进。1996年南洋理工学院建立了ISO9001的全面质量管理体系，包括质量方针、质量手册、内部质量评审、质量文档表单、行政单位质量文档与表单，各学系质量程序以及其他资讯几大部分。"教学工厂"的所有实施与运作过程都必须符合各学系确定的标准，按照质量运作流程表逐步完成运作程序。并通过PDCA循环圈持续改进，首先针对问题提出解决办法，接着通过实施解决问题，其次对解决方案进行检测，最后使解决办法成为规格。定期审查、纠正及预防，以持续改进学院的教学与运作过程。ISO9001建立之后每学期内审一次，每年专业认证机构复审通过认证，使得质量保障体系能够可持续良好运行,有效地保证了"教学工厂"运行的各个环节的规范性、严谨性和一致性。

三、"教学工厂"长效运行机制的启发

目前我国高职院校迫切需要从学校层面建立一套行之有效的运行机制,使得我们辛辛苦苦建立起来的教学工厂、教学企业和实训室等不再流产,而是可持续地、高效地、高质量地运行。我认为新加坡南洋理工学院的双轨教学组织机制、知识库共享机制(AES)、无界化合作机制、用人机制和ISO9001质量保障机制都是值得我们借鉴的。同时,在运行过程中不断探索和总结,形成适合国情、校情的各种更加系统的机制,包括激励机制、沟通机制、创新机制等。

参考文献

[1] 严中华.新加坡南洋理工学院"教学工厂"理念解读[OL].中国高职高专教育网.

[2] 郑克俊,朱海鹏.南洋理工学院"教学工厂"对高职院校构建"教学企业"[J].中小企业管理与科技 2013(7).

[3] 赵炜."教学工厂"人才培养观的文化内生性鉴析[J].职教论坛 2013(5).

[4] 俞位增,张鹏飞,董彦.基于"教学工厂"的产学研合作模式实践研究[J].职教论坛 2012(12).

[5] 严中华.高职院校管理创新理论与实践指南——基于校企双主体教学企业构建与管理[M].北京:清华大学出版社,2011.

[6] 张永军.南洋理工学院办学理念对我国高职教育的启示[J].陕西教育 2012(5).

[7] 王伟.新加坡南洋理工学院(NYP)"教学工厂"理念及对我国高职院校产学研合作办学的启示[J].职业技术 2011(7).

第四节　物流管理专业课程的课程思政教学实践

一、引言

2020年6月，教育部印发了《高等学校课程思政建设指导纲要》，纲要提出要将思想政治教育贯穿人才培养体系，全面推进高校课程思政建设，发挥好每门课程的育人作用，提高高校人才培养质量。培养什么人、怎样培养人、为谁培养人是教育的根本问题，立德树人成效是检验高校一切工作的根本标准。落实立德树人根本任务，必须将价值塑造、知识传授和能力培养三者融为一体、不可割裂。全面推进课程思政建设，就是要寓价值观引导于知识传授和能力培养之中，帮助学生塑造正确的世界观、人生观、价值观，这是人才培养的应有之义，更是必备内容。这一战略举措，影响甚至决定着接班人问题，影响甚至决定着国家长治久安，影响甚至决定着民族复兴和国家崛起。要紧紧抓住教师队伍"主力军"、课程建设"主战场"、课堂教学"主渠道"，让所有高校、所有教师、所有课程都承担好育人责任，守好一段渠、种好责任田，使各类课程与思政课程同向同行，将显性教育和隐性教育相统一，形成协同效应，构建全员全程全方位育人大格局。

《报关报检实务》课程是物流管理、港口物流管理、国际贸易等专业的专业核心课或基础课，本文选取了"第八章　其他进出口货物报关"中的"救灾捐赠物资报关"的教学内容，精准地选取了"疫情防控"中大家最熟悉的、最关注的口罩捐赠的案例，通过国家、企业和个人三个层面挖掘捐赠口罩的感人事迹和典型人物，采用珠海某报关公司捐赠口罩报关的真实案例进行任务驱动，专任教师和企业教师"业师协同"授课，将教学过程分为课前、课中、课后三个阶段，完成了救灾捐赠物资报关流程和报关单填制的知识能力目标，同时，达到了遵纪守法、严谨细致和团结合作的素质目标；爱岗敬业、精益求精的职业目标；共建人类健康命运共同体、感恩担当的社会责任感的思政目标。评价结果显示，通过战疫案例，激发了学习兴趣，充分调动了学习积极性，得到学生情感共鸣和价值认同；通过思政融入，学生学到了知识，又赋有家国情怀和时代使命；授课方式和效果得到了行业企业的高度认可；课程思政典型案例成效被中国高职高专网、南方+、珠海市传媒集团观海融媒、广东科学技术职业学院官微等媒体报道，课程思政的教学设计和实践得到了社会的广泛关注和认可。

二、课程思政元素分析

从国家意志、企业社会责任和个人技能成才报国等三方面选取"捐赠口罩"案例。国家层面，中国与各国互相捐赠口罩，携手抗疫构建人类命运共同体；企业层面，爱心企业为防疫捐赠物资直达一线提供免费服务，积极承担社会责任；个人层面，报关员不知疲倦地坚守平凡的岗位，爱岗敬业、精益求精。既结合了当前的时代背景和社会现实，又非常贴近学生的专业知识和专业技能。

2.1 国家层面，中国与各国互相捐赠口罩，携手抗疫共建人类健康命运共同体

习近平总书记高度重视疫情防控的国际合作，他指示扩大国际和地区合作。疫情下如何保障公共卫生安全是人类面临的共同挑战，需要各国携手应对。

2020年1月，中国疫情暴发，79个国家和10个国际组织在极短的时间内从世界各地把一批批口罩等防疫物资源源不断地运往中国。随着全球疫情持续蔓延，中国的地方政府、企业和民间机构主动对有需要的国家提供了力所能及的帮助。截至3月底，中国向83个国家及世卫组织、非盟等提供口罩、检测试剂等防疫物资的紧急援助，中国以大国担当，践行构建人类命运共同体的承诺。

2.2 企业层面，爱心企业为防疫捐赠物资直达一线提供免费服务，积极承担社会责任

中国报关协会发起"捐赠物资进口免费服务商"活动，协调国内近百

家报关公司完成海外物资清关工作，中国海关也第一时间开放境外捐赠物资绿色免费通道，力争捐赠物资24小时内完成清关；全国海关共验放疫情物资20.2亿件，价值65.3亿元，爱心企业积极承担社会责任，为境外防疫物资直达一线提供免费服务，优化捐赠手续、提高通关效率，有力保障防疫物资及时通关。

珠海某报关公司疫情期间严重亏损，仍然主动提供防疫捐赠物资的免费报关服务，成立防疫通关小组，抽调海陆空及邮局快递的业务精英负责防疫捐赠物资的通关操作和咨询，组织公司各口岸现场工作人员24小时待命，对涉及疫情防控的业务随到随办，确保防疫物资及时高效到达疫情急需的单位。

2.3 个人层面，报关员不辞劳苦坚守平凡的岗位，爱岗敬业、精益求精

春节期间，为了将防疫物资运到最急需的地方，报关员们积极与捐赠方、物流商、需求单位沟通协调，争取时间。为了协助捐赠方和受赠方准备通关资料，经常忙到半夜12点，之后还顾不上休息，又在线回复其他防疫物资出口的报关咨询工作。他们在流程规划、单证填写方面反复核对，精益求精，确保零差错，使得防疫物资即到即提零延迟送达战疫一线。

三、课程思政教学设计

基于以学生为中心，以成果为导向的教学理念，将战疫中"捐赠口罩"和"救灾捐赠物资报关"的教学内容相结合，通过中国与各国捐赠口罩过程中国家、企业和个人层面的感人事迹和典型人物进行情境创设，通过腾讯课堂直播解决教学重点，通过真实任务实操和企业专家连线突破教学难点，完成遵纪守法、严谨细致和团结合作的目标素质，爱岗敬业、精益求精的职业目标，共建人类命运共同体的情怀。

教师通过任务驱动、情境模拟、企业专家连线等教法，学生通过自主学习、协作学习和探究式学习的学法，采用职教云、腾讯会议、问卷星等信息化手段，采用珠海某报关公司的真实案例进行任务驱动，专任教师和企业教师"业师协同"共同授课，将教学过程分为课前、课中、课后三个阶段：课前通过问卷调查和小组作业完成双向"信息传递"；课中通过学生展示、教师讲解、企业真实案例实训和企业专家点评完成内化提升；课后通过学生个人总结和评价完成巩固拓展，解决了教学重点，通过企业真实案例实训，突破了教学难点，并将职业素养和关务精神培养融入教学全过程，提高课堂效率和教学效果，增强学生的获得感。

表 5-3 课程思政教学设计关键要素一览表

教学方法	教法：情境创设；任务驱动；企业专家连线 学法：自主学习；协作学习；探究式学习
教学手段	职教云、腾讯会议、问卷星
知识目标	准确掌握救灾捐赠物资的进出境报关流程 严格遵守救灾捐赠物资的报关单填制规范
能力目标	完成救灾捐赠物资的进出境报关任务
素质目标	遵纪守法、严谨细致、团结合作
职业目标	爱岗敬业的职业素养、精益求精的工匠精神
思政目标	共建人类命运共同体、感恩担当的社会责任感
教学重点	掌握救灾捐赠物资的进出境报关流程 掌握救灾捐赠物资的报关单填制规范
教学难点	不同境遇下救灾捐赠物资的进出境报关运用，社会责任感

四、课程思政教学实施

4.1 课前教学实施

课前教师在问卷星发放问卷《高职学生关于了解疫情期捐赠口罩进出境报关的调查问卷》，学生填写问卷，教师课前进行学情分析并调整课上的教学内容。同时，教师布置课前小组作业《针对疫情期中国与国外捐赠口罩情况进行调查》，学生自主学习，通过腾讯会议完成分组讨论，进行协作学习，并将作业上传职教云平台。

4.2 课中教学实施

邀请珠海市某报关公司经理作为企业专家，专任教师和企业教师"业师协同"共同授课，采用腾讯会议进行在线授课，讲解企业实际的操作流程和内容，解决了教学重点；通过真实任务实训，企业专家点评，突破了教学难点；通过学生展示、职教云讨论、头脑风暴等引领价值观，圆满完成思政目标。

（1）首先，通过战疫中"捐赠口罩"进行课程导入。"预防千万条，口罩第一条"，从课前的调查问卷结果来看，我们全班同学和家人都能自觉戴口罩，虽然我们不能像医生奔赴前线抗疫，但是我们也用自己的实际行动在为战疫做贡献。今天，我们就用疫情中最熟悉、最关注的"捐赠口罩"的案例进入今天的课堂——捐赠口罩的进出境报关。

（2）小组分享，创设情境，选择学生小组进行分享。一方有难，八方支援，巴基斯坦清空医院库存援助中国30万只口罩；湖北卓尔控股有限公司从全球采购了1.85亿元的防疫物资，共875.57万件，捐赠给湖北17个市州103个县，送达554家一线医疗机构，救治了7500名新冠患者；全球华人和国际友人行动起来支援中国；滴水之恩当涌泉相报，日本丰川在2月上旬万里驰援无锡新吴区4500只口罩，3月丰川出现口罩危机时，无锡新吴区"十倍相送"反向捐赠5万只口罩，中国驻日大使馆也捐助2万只口罩。马云、华为均向日本捐赠100万只口罩，中国多地政府、企业向境外捐赠防疫物资支援全球抗疫。

（3）"业师协同"授课，解决教学重点。教师讲授和企业教师根据理论知识和企业实际情况共同备课授课，教师重点讲解捐赠口罩的进出境报关流程，企业教师根据实际情况对办理受赠手续和后补减免税手续的内容进行详细说明，解决了教学重点1救灾捐赠物资的进出境报关流程。对捐赠口罩和一般贸易口罩的真实报关单进行对比，有针对性地讲解救灾捐赠物资的报关单，重点分析境内收货人、监管方式、征免性质、商品编号、商品名称和征免等重要栏目的区别，解决了教学重点2救灾捐赠物资的报关单填制规范。

（4）真实任务实操，企业专家点评，突破教学难点。采用2020年3月从澳大利亚某公司捐赠一批口罩给广东红十字会的真实任务，学生独立完成进口报关流程、填制报关单的任务。学生代表展示作业，企业专家进行点评；学生对于不同情况下如何规划报关流程存在疑惑较多，企业专家进行详细解答，突破了教学难点不同境遇下救灾捐赠物资的进出境报关运用。

（5）开展线上头脑风暴和讨论，引领价值观。解决了教学重点，突破了教学难点，但是，课程还没有结束，企业专家讲解了在捐赠口罩报关的过程中，企业积极承担社会责任，报关员不知疲倦地坚守平凡的岗位、爱岗敬业、精益求精的事迹，还就学生的综合素质提出了更高的要求。接着，学生开展头脑风暴和讨论，进一步塑造学生的职业精神和青年使命。

首先，企业专家分享企业和个人的真实案例。企业专家向同学们分享了疫情期间的感人事迹。企业方面，珠海某报关公司疫情期间严重亏损，仍然主动提供防疫捐赠物资的免费报关服务，成立防疫通关小组，抽调海陆空及邮局快递的业务精英负责防疫捐赠物资的通关操作和咨询，组织公司各口岸现场工作人员24小时待命，对涉及疫情防控的业务随到随办，确保防疫物资及时高效到达疫情急需的单位，个人方面，春节期间，为了将防疫物资运到最急需的地方，报关员们积极与捐赠方、物流商、需求单位沟通协调，争取时间。为了协助捐赠方和受赠方准备通关资料，经常忙到半夜12点，之后还顾不上休息，又在线上回复其他防疫物资出口的报关咨询，他们中有很多是90后的年轻人，还有我们学校的毕业生。

其次，通过头脑风暴，提升学生的综合素质和职业精神。教师在职教云中发布头脑风暴，引导学生思考并总结职业精神：如果你是一位提供免费报关服务的报关员，跟进捐赠口罩的受赠人对流程、报关单不明白，又着急又生气，你该怎么做。学生回答：客户着急很正常，能够理解，要有同理心，调整好自己的心态，耐心地倾听、细心地讲解报关的流程和要求，让受赠方放心，同时保证自己的工作不出差错，尽自己最大的能力去完成任务。因此，引领了价值观，完成了遵纪守法、严谨细致、团结合作的素质目标和爱岗敬业、精益求精的职业精神。

最后，通过讨论，进一步提升学生的思想境界。教师在职教云发布讨论，从捐赠口罩的感人事迹和典型人物中，你学到了什么？学生们回答：作为一名中国人而骄傲自豪，今生无悔入华夏，来世还做中国人；感受到了中国速度、中国力量；世界是人类命运共同体，全世界要齐心协力，众志成城；哪有什么岁月静好，只不过是有人在替我们负重前行；从他们身上受到不仅满满的感动，自己也要努力完善自己，成长为国家的支柱，为国家贡献自己的一点力量，等等，进一步提升了学生的思想境界，完成了共建人类命运共同体、感恩担当的社会责任感的思政目标。

4.3 课后教学实施

（1）学生完成个人总结

同学们掌握了救灾捐赠物资的报关流程、捐赠救灾物资的报关单填制的内容，同时，更加热爱报关报检的工作岗位，希望学好本领早日为国家富强做出贡献。学生总结详见附件。

（2）学生完成对教师的评价

学生普遍认为课程安排很好，尤其是采用正在经历的战疫中口罩捐赠的案例很接地气，通过真实任务进行讲解和实操、专任教师和企业教师"业师协同"共同授课、课前小组协同课上互动学习等教学方式都很好，受到了学生的广泛好评。

五、教学实效与经验

教学实施和评价结果显示，"战疫课堂"激发了学生的学习兴趣，充分调动了学生的学习积极性；将专业知识与价值引领相结合，既传授了专业知识又培养了家国情怀和技能成才的报效国家志向；授课方式和效果得到了行业企业的高度认可。

5.1 将专业知识内容与思政教育有机结合，既传授了知识又引领了价值

将战疫中的"捐赠口罩"的案例和"救灾捐赠物资报关"的教学内容紧密结合，采用企业的真实案例和单证进行实操、企业教师"业师协同"授课的方式，既解决了"救灾捐赠物资的进出境报关流程"和"救灾捐赠物资的报关单填制规范"的教学重点，也突破了"不同境遇下救灾捐赠物资的进出境报关应用"的教学难点，同时，通过国家、企业和个人三个层面的感人事迹和典型人物，全方位引起学生情感共鸣和价值认同，使学生明白比知识能力更重要的是需要具备遵纪守法、严谨细致和团结合作的个人素质；爱岗敬业、精益求精的职业精神；共建人类命运共同体、感恩担当的社会责任感。

5.2 通过情境创设，激发了学生的学习兴趣，充分调动了学生的积极性

通过选取学生们最熟悉、最关注的"捐赠口罩"的感人事迹和生动故事进行情境创设，让学生真实感受到教学内容能够贴合实际，学以致用，激发了学生的学习兴趣；采用合作企业捐赠口罩报关的真实案例和真实单据，具有针对性、时效性和亲和力，充分调动了学生的积极性。

5.3 授课方式和效果得到了行业企业的高度认可，达到了技能人才培养和行业认同的"双满意"

珠海某报关公司是我校的校企合作企业，多位企业专家是报关报检实务课程团队的主要成员，企业专家深入参与了本课程设计、实施和评价、微课制作等环节，将战疫案例融入教学内容，对传授知识并培养价值观、通过真实任务实训等教学方式非常赞同，对于我们学生在课堂教学中表现出的专业能力和综合素质给予了高度评价，并表示希望疫情结束后提高对我校学生的录用比例。

5.4 引起学生情感共鸣和价值认同，学生用实际行动抗击疫情，服务社会

学生们主动走进社区成为一名防疫志愿者，活跃在珠海市各社区和街道中，帮助居委会的工作人员扫楼排查、为进入社区的人们和车辆检测体温、登记并发放社区出入通行证、录入回访检查信息等，为抗击疫情尽自己的一份力量。用自己的实际行动展现青年力量、中国精神，彰显时代新青年有担当的家国情怀。

5.5 课程思政典型案例成效被中国高职高专网等多家媒体报道

以战"疫"为教科书的课程思政案例，被中国高职高专网、广东省委省政府权威发布平台南方+、珠海市传媒集团观海融媒、广东科学技术职业学院官微等多家媒体进行了新闻报道，得到了社会的广泛关注和认可。

六、教学改革反思

6.1 创新之处

首先，以熟悉化陌生，激发学生学习兴趣。结合当前疫情防控的时政，精准地选择"口罩捐赠"的案例进行情境创设，激发了学生的学习兴趣，充分调动了学生的积极性；其次，业师双元授课，实现校企精准对接。采用珠海某报关公司的真实案例，企业教师和专任教师共同授课，"校企合作、精准对接、精准育人"，突破教学重难点；最后，思政自然融入，悄然实现价值引领。从国家、企业和个人三个层面深入挖掘思政元素，通过"翻转课堂""情境创设""任务驱动"等教学策略，润物细无声地将职业素养、关务精神等思政元素融入课前、课中、课后的教学全过程。

6.2 下一步改进措施

（1）将抗疫案例更加系统地融入课程体系。通过本次案例设计和实施，深入了解了抗疫相关案例，对于抗疫案例和课程内容的结合有很多思考和启发。接下来报关报检实务课程组将开展广泛深入地调研，将疫情期海关口岸检疫、海关查验、防疫物资走私、防疫物资滞报金缴纳等内容更加系统地融入课程体系。

（2）持续推进课程思政建设。课程思政是实现立德树人的重要载体，通过研究报关员职业规范、关务精神等内容，设置课程章节思政目标，并专设"关务思政"专栏，深入挖掘关务领域的思政元素，将社会主义核心价值观、法治意识与职业道德等要求贯穿始终，落实立德树人的根本任务。

（3）进一步应用推广，并持续改进。报关报检实务课程已立项为广东省精品在线开放课程、国家资源库港口与航运管理的一门课程，正在建设关键期，将战疫案例、思政元素融入教学内容，制作成微课资源，通过线上课程进行应用推广，广泛收集意见和建议，并持续改进。

参考文献

[1] 张晓青,杨靖.高职国际商务类专业课程思政教育研究与实践——以《国际商务管理》课程为例[J].中国职业技术教育,2020(17):88-92.

[2] 于桂花."课程思政"教学实践路径探析[J].教育理论与实践,2020,40(15):27-29.

[3] 韦春北.把握好课程思政改革创新的四个维度[J].中国高等教育,2020(9):22-23+56.

[4] 温潘亚.思政课程与课程思政同向同行的前提、反思和路径[J].中国高等教育,2020(8):12-14.

[5] 杨修平.高职英语"课程思政"：理据、现状与路径[J].中国职业技术教育,2020(8):36-41.